「大学」に学ぶ人間学

組織を繁栄に導くためのリーダーの心得

東洋思想研究家
田口佳史
taguchi yoshifumi

致知出版社

まえがき

迷っている若者が多くなったように思います。私の講座や研修には、入社後二、三年生から、四十代半ばの中堅社員までが多いのですが、十年前、二十年前の同年齢に比べ、何か迷っている、何かが定まらない。言ってみれば根本が落ち着いていない人々が、多くなったように思います。

これは何なのだろう。

思い続けてきましたが、改めて今回『大学』を講義してわかったことがあります。「人間として目指すべきは何か」「どのような人間になることを目指すべきか」という『大学』の説くところが判然としないことから来る迷いなのではないか、と思ったのです。

いま私達は、大きな転換期の真っ只中にいます。世の中が、ガラリと変わろうとしているのです。新しい時代や社会が来ようとしているのです。

日常の生活や毎日の生活でも、デジタル化、ネット社会、ＳＮＳ、キャッシュレスなど新しい技術を駆使した新しいライフスタイルを要求されています。つまり変化する社会では、より根本、根源が求められるのです。

おまけに、コロナ禍です。自粛を強要され、人に会うことが悪い事のように言われます。自宅の自室に閉じ籠もっていれば、思い悩むことも多くなるでしょう。

本来そこで出て来るべきは、この孤独の期間を活用し、集中して自分を高めることに挑戦してみようという切磋琢磨《せっさたくま》の精神でしょう。『大学』が説くところの「人間として目指すべき人間像」、つまり「修己《しゅうこ》」自分を修めるとは何か、自分を磨くとは何か、という人間として必須の根源的問いから来る人間としての命題なのです。

しかしこれまでそうした根本に触れたこともなかったとすれば、そうした方向に行きようもないことでしょう。

技術や知識の習得という自己向上で止まってしまって、その先にある「人格の向上」という自己向上に進む人が少ない。究極の人間としての命題を見失ってしまっている。ここに現代の若者の迷いがあるのではないか、と思ったのです。

これは若者ばかりの迷いではなく、その若者をより良く指導出来ていない老壮年層の問題でもあるのです。

更に言えば、何故江戸期は、『大学』を小学校一年生、一学期の教科書としたのかという、現行の教育に対する問題提起でもあるのです。

コロナ禍リモート講義などで、この現代日本人にとっての重大な課題を説くことが出来るだろうかとの大きな懸念がありました。しかし、受講生の皆様方のご熱意溢れる姿勢に押され、何とか思うところを語り終えることが出来たように思います。改めて皆様に心からの感謝を申し上げます。

またこうした貴重な機会を与えてくださり、またこうして立派な講義録までにしてくださった致知出版社藤尾秀昭社長、柳澤まり子副社長、また編集の任に当たってくださった小森俊司氏には、心から御礼申し上げます。

この本が皆様のより良い人生の一助になれば、これに勝る喜びはありません。

令和三年十月

田口佳史

「大学」に学ぶ人間学＊目次

第一講　大学の道

第二講　修己とは何か

第三講　維新の精神

第四講　規範を持つ意義

第五講　根本を見据える

第六講　財政・経営の要諦

底本には『新釈漢文大系〈2〉大学・中庸』赤塚 忠（明治書院）を使用した。

第一講　大学の道

●『大学』には人間の生き方の原則が説かれている

現在、この地球上に住む者は中国の武漢で発生した新型コロナウイルスにずっと悩まされて、その猛威は滞ることがないという状態です。昨日の報道では、全世界で一億の人間の命が奪われたということです。一億と言えば日本の人口に匹敵するような数です。この地球上に生を受けている人間はこぞって生命の危機に瀕していると言わざるを得ないと思います。

私はこの四十七年間、毎日一、二時間、必ず漢籍《かんせき》を読むことを自分に命じて、読み続けてきました。そのため、どうしても考え方が漢籍の説くところに寄ってしまいます。天災は天意の表明と受け取り、去年も一年間、このコロナ禍という天の発する警告は一体何を意味しているのか、これを究明しなければいけないということに思いを馳せて、じっくり考えておりました。命があるということは、「いかに生きるか」ということにつながります。人間に生まれた我々が生きている有り難さを感じつつ、どう生きるかを考えることはとても大切なことです。そして、人間はいかに生きるべきかを突き詰めていけばいくほど、これからお話ししていく『大学』の説くところに入っていくことになります。

『大学』には人間を律する大原則が書いてあります。私が思うには、天の道義・道理あるいは哲理というようなものを最も深く、最も強く説いているのが、この『大学』なのです。このコロナ禍で、人間は、天の道理・道義あるいは哲理というものに沿って己が生きていることをもう一回考え直す必要があるのではないでしょうか。

そんなことを思っているときに、今回、『大学』の講義をするように命じられたのです。これは非常に有り難いことです。今、『大学』を読むということは誠に時宜《じぎ》にかなったことであると思います。そういう前提に立って、これからじっくり『大学』を読んでいきたいと思います。

さて、漢籍には、長短さまざまなものがあります。長いということで言えば、昨年致知出版社で講義をして『書経《しょきょう》講義録』という書物にまとめた『書経』などは膨大な書物であります。それとは反対に、『大学』や『中庸《ちゅうよう》』、よく「学庸《がくよう》」と呼んでいますが、この兄弟のような関係にある二書は非常に短いものです。しかし、短くても深い書物であります。

●人間が最も大切にしなければいけない「三綱領」

何はともあれ、さっそく本文に入っていきましょう。まず『大学』第一段第一節の巻頭の一文から見ていくことにしましょう。

大学《だいがく》の道《みち》は、明徳《めいとく》を明《あきら》かにするに在《あ》り。
民《たみ》に親《した》しむに在《あ》り。
至善《しぜん》に止《とど》まるに在《あ》り。

五経《ごきょう》にも言えることですが、四書《ししょ》は巻頭の一文に非常に重きを置いています。

四書の一つ『論語』の冒頭は「子曰く、学びて時に之を習う。亦説《よろこ》ばしからずや」、つまり「人生は学びだ」ということをまず孔子が述べてから本文に入っていく仕組みになっています。また『中庸』の巻頭は「天の命ずるを之性と謂う」(天命之謂性)と、人間が宇宙に発して一体何をするべきかということをたった五文字で示す名文です。

この『大学』の巻頭も「大学《だいがく》の道《みち》は、明徳《めいとく》を明《あきら》かにするに在《あ》り」(大学之道、在明明徳)というわずか八文字ですが、この八文字に本義があります。ですから、一字一字を注意深く読んでお話ししていきたいと思います。

この巻頭の一文に書かれている「明徳を明《あきら》かにする」「民に親しむ」「至善に止まる」を三綱領と言います。これは、人間が生きていくのに最も大切にしなければいけない原理原則です。どこが原理原則なのか、どこが人間の人生と絡んでいるのかというところこそ、まず読み取るべき要点です。

さて、『大学』は、昔から大人《たいじん》の学と言われたように、立派な人間としての道・あり方を説いています。江戸時代には、立派な人間になりたい人はまず『大学』を読むべしと、今ならば小学校一年生の一学期の最初の授業で教えました。江戸の教育のレベルがなんと高かったかがおわかりになるでしょう。言い方を変えると、『大学』は幼年教育として重要な部分を説いているものだということです。江戸の幼年教育は、大切なことから教えたのです。

最近はとてもいい英訳も出ていますが、「大学の道」を英語にするとグレートラーニング（great learning）となります。グレートラーニングですから「大いなる学び」と訳しているわけです。「大いなる学び」にはいろんな意味がありますが、人間がまず何よりも真っ先に学ばなければいけないことですよ、と言っているわけです。これを承知しないと、正しい生き方がよくわからなくなってしまう。したがって、人間の生き方としての前提、第一歩となるものが説かれているわけです。

●「徳」とは「自己の最善を他者に尽くし切ること」

最初に「明徳を明かにする」という一文が出てきますが、「明徳」とはなんでしょうか。まずこれをご理解いただかなければいけません。「徳」の概念はたくさんありますが、今日社会で活躍されている皆さんが認識されたほうがよいという意味で、ここでは松下幸之助さんが言っている「徳」の概念についてお伝えしたいと思います。

私は三十五歳のときに松下幸之助さんに出会いました。そのときに質問をしました。

「経営の神様と言われているあなたに、ぜひ伺いたいことがあります。経営者というのは、いかなる条件を持っていないとできないものでしょうか？」

すると松下さんは即座にこう答えました。

「運が強くなければダメだ」

そこでもう一つ質問をしました。

「運を強くするにはどうしたらいいのですか？」

この質問に対しても、間髪を容れず、お答えになりました。

「それは徳を積むことしかない」

運を強くするには徳を積むことだと言われたのです。今考えると、物凄い答えをいただいたなと思っていますが、その答えを聞いて以来、「運の強さと徳と経営に、どのような関係があるのか」が私の長い間のテーマになりました。

そこで私は成功者がどのぐらい運が強いものかをまず調べてみようと、日本経済新聞の「私の履歴書」を丹念に読んで、「ひょんなことから」とか「ばったりと」とか「予期しない」とか「偶然にも」というような、強運を表すような言葉がどれくらいあるか調べてカウントすることにしました。それをかなり長期間続けたところ、大変な数になりました。成功者は確かに強運を持っているのです。これは経営者に限りません。どんなジャンルで生きる人でも、運が強くなければ成功できないのです。

運というのは「天の導き」と言ってもいいでしょう。つまり、自分の力を超えた存在である天、今どきの言葉で言えば、宇宙の哲理に沿った行動を自分に課することが運を強くするためには重要なのです。それが成功者の分析をしているうちにわかってきました。

そして、漢籍のほとんどが説いているのも、天の道理・道義に反して成功しても長続きはしないし、発展繁栄はしないということです。ですから、自分の人生をしっかり生きようと思えば、天の道理・道義をよく知ることなのです。松下幸之助さんは「宇宙の哲理を承知していなければ、成功しても結局足をすくわれて惨めな末路《まつろ》になってしまう」とおっしゃっていました。

松下幸之助さんが成功の条件としてもう一つ挙げているのが「人間の把握」ということです。経営者は運が強くなければいけない。そのためには徳を積まなければいけない。そして宇宙の哲理をよく承知していなければいけない。それからもう一つ承知していなければいけないのが、人間の把握であるというのです。つまり「人間学」です。人間をよく知らないと経営者なんかできないぞと言っているわけです。

この幸之助さんが私に与えてくれた四者は、すべて同じことなのです。まとめるならば、宇宙の大原則に即して生きていくことが成功の秘訣であり、それを言葉や立ち居振る舞いとして表現することが徳なのだということです。徳を具体的な所作として表現していくわけです。そこにはほんの少しも疚《やま》しいこと、あるいは私利私欲があってはいけない。こういうものがあると、天の道理ではなくなってしまうからです。私は「徳」を「自己の最善を他者に尽くし切ること」と表現していますが、純粋な形で相手を思いやって自己のベストを尽くすことが大事なのです。幸之助さんの言葉から私はそういう答えを三十年かかって導き出しました。

●自分の身が修まっていないのに他人を治めることはできない

もう一つ、私が体験したエピソードをお話しします。一九九〇年代の半ば頃、アメリカのシリコンバレーにはベンチャービジネスの凄い会社がたくさんありました。当時、私はそこに頻繁に行っていました。あるとき、日系三世の方が経営者で大成功した製造工場があるという話を聞いて訪ねて行きました。それはアメリカでも先端的な実に凄い工場で、ＩＢＭやヒューレットパッカードといった名うての企業が生産を委託しているほどでした。

一通り見学を終えた私は、社長室でコーヒーをいただいているときに、日系三世の経営者に

「御社の企業理念はなんですか？」と聞きました。すると、社長がいきなり「トク、トク」と言いました。社長はそれまでずっと英語で話していたのですが、私は「トク」という英語は聞いたことがないなと思って、「トクというのはなんですか？」と聞くと、「お前、日本人なのにわからないのか」と言われて、ああ、日本語で「徳」と言ったのかと気づきました。

そこで「どうして徳を企業理念にしたのですか？」と聞くと、広島県からアメリカに最初に移民一世として渡ってきた祖母がいつも「徳を尽くすんだぞ」と言っていたというのです。毎日のように言い聞かされていたので、徳の重要さがよくわかるようになったのだと。「何事もいい加減にせず、自己の最善を他者に尽くし切ることをずっと続けてきたから、これだけの会社になったんだ」と社長は言いました。

お暇《いとま》するとき、玄関に墨痕《ぼっこん》鮮やかに「徳」と書き、その下に“Virtue”と書いている額がかかっているのを見つけました。「徳」は英語で言うと“Virtue”です。私は帰りの飛行機の中で「日本の伝統的な徳の教えが最後の切り札のように活きているんだな」とつくづく感じました。それ以来、私自身も「徳とは自己の最善を他者に尽くし切ることだ」と言うようになりました。

道元禅師《どうげんぜんじ》も同じようなことを言っています。道元禅師は、禅の奥義は修行にあるとした人ですが、生きていること自体が修行なのだと言われています。その修行を私流に解釈すると、

「一つひとつを丁寧に、真心こめてやる」ことではないかと思うのです。たとえば、「ちょっとその新聞取って」と言われたときに、ポーンと放り投げたりせず、きちんと畳んで向こう向きにして「はい」と渡す。これも修行です。それを毎日繰り返せば、特別の修行をしなくても日常生活が修行の場になると言っているわけです。毎日の暮らしの中で徳を磨いていくことが重要なのだということです。

『大学』は「修己治人《しゅうこちじん》」というものを主張しています。これは「自ら自分を修めてから他人を治める」ことです。『大学』がリーダーの学、大人の学と言われる理由はそこにあります。自分が修まってもいないのに他人を治めることは決してできないということです。

●「徳」を「いきおい」と読むのはなぜか

このように「徳」というものを考えてみるとき、もう一つ面白い解釈があります。

奈良朝までの日本では、「徳」という字に「いきおい」というルビをふっていました。実はこれは天皇しか使ってはいけない言葉だったのです。そしてこの字は、飢饉《ききん》が襲ってくるというような最悪な状況で天皇が発した詔《みことのり》の中でよく使われました。「朕《ちん》の不徳の致すところによって」という意味合いの使われ方です。自分に「いきおい」がなかったから、このような事態を招いてしまったというわけです。

「徳」を「いきおい」と読むというのは素晴らしい解釈です。普通、「いきおい」と聞くと「エイエイオー！」という「勢い」を思い浮かべますが、この「徳」を「いきおい」と言うのは、天の加護つまり天の助けを加えた行動だから、それは「いきおい＝徳」があると言っているわけです。したがって、奈良朝までの日本のリーダーは、この徳の本義である天と自分が密接な関係にあることを自覚していて、天の期待あるいは宇宙の道理・道義に応えて自分が生きていくことによって民にも豊かで幸せな生活をもたらすことができると考えていたのです。この日本的な徳の解釈は素晴らしいものです。これゆえ、聖徳太子の冠位十二階の一番上の冠位は「徳」になっているのです。「徳」という字はもともと中国から来た漢字ですが、むしろ日本のほうがそれを深く読んで実践に活用してきたと言っていいと思います。

では、「明徳を明らかにする」とはどういうことなのでしょうか。たとえて言えば、こういうことです。夜間に電気を消すと真っ暗闇になって何にも見えません。しかし、スイッチを入れた瞬間にパッと明るくなってすべてが見えます。これを「明明徳《めいめいとく》」と言います。このように、一点の曇りもなく、「徳をいただいた」と相手が思う。それを「明徳を明らかにする」と言うのです。

この世の中にはいろいろな決まり事や教えがあります。しかし、人生の根幹においては、いつ何時でも自己の最善を他者に尽くし切る、つまり徳を明らかにしていくことが重要なのです。

だから私は今、自分の最善を尽くしてお話をしているつもりですし、皆さんにも、自分が現在置かれた状況の中で最善を尽くしていただきたいと思っています。そのためには、何事にも一所懸命に、一つひとつ丁寧に真心を込めてやっていくことです。そうすれば、それは天の道理にかなうのです。

『易経《えききょう》』には「積善《せきぜん》の家には余慶《よけい》あり」という言葉があります。善というものがふるわれて代々続いてきた家には、余りあるほどの喜びごとがあるということです。それを明徳というわけです。宇宙の根幹に根差した言葉で、とても深く解釈されています。

幕末の儒学者・横井小楠《よこいしょうなん》は、数年前に『横井小楠の人と思想』（致知出版社）という本を出させていただいて以来、私にとって得難い師であり、友人となっています。横井小楠は、「深読みは漢字だからできる」といつも言っていました。AやBやCといったアルファベット文字をいくら叩いても何も返ってきませんが、漢字は表意文字ですから深読みができるのです。このことを是非、認識していただいて、皆さんにも漢字を一文字一文字しっかり読んでいただきたいと思います。

この「大学之道、在明明徳」というたった八文字の中にも、お話ししたような意味合いが詰め込まれています。いかに深く読むか、さらに実践的に読んでいくか。こういう文章は自分の暮らしぶりを変え、前進させるために読まなければ単なる解釈で終わってしまいますので、是非とも人生に資するものとして読んでいきたいと思います。

●「親」を「新」に変えることを主張した朱子の意図とは

次に進みましょう。今度は「民《たみ》に親《した》しむに在《あ》り（在親民）」です。

この「親」という字も、実に深い字です。まず、この字について二つの解釈があります。一つは、「親身になって」というときの「親」という意味です。「親身」とは、親に代わって自分が他者に向かって抱く心のことを言います。親愛の情というのも源は同じです。

したがって、「民に親しむ」とは、リーダーとして国民に親愛感を持って接しなさい、もっと言えば、自分の赤子（赤ん坊）のように思いなさい、と言っているのです。それが儒家の主張です。リーダーは親が子どもを慈しむような感覚でいなければいけないのです。横井小楠は「民をいかに幸せにするかというのが政治の大眼目《だいがんもく》であって、幸せにする最大のポイントは道理を説くことだ」と言っています。ゆえに、リーダーは天の道理を説かなくてはいけないのです。幸せになる根源である天の道理を説くことこそ、親愛の情なのです。

ところが、孔子の儒学を受け継いで『大学』を確立した朱子《しゅし》は、この「親民」の「親」を「新」という字に変えたほうがいいと主張しました。これによって解釈の幅がさらに広がることになりました。そもそも『大学』は、五経の一つである『礼記《らいき》』に含まれる一章でした。孔子は今から二千五百年前の紀元前五〇〇年代に生きた人ですが、そこから今日までにいろんな碩学《せきがく》が「これはこう解釈したほうがいい」「これはこう読んだほうがいい」と主張してきました。我々はそれをすべて読み、検討できるわけです。ですから、朱子が新しい解釈を出してくれたことは、とても有り難いことなのです。どちらが良い、どちらが悪いという評価は置いて、「親」でも「新」でも素晴らしいと言うべきです。

では、なぜ朱子は「新」がいいと言ったのでしょうか。それはこう解釈できます。リーダーが明徳を明らかにして、それを民にふるうと、民は「有り難い。そんなにまで民のことを思って明徳をふるってくださるのか」とリーダーを仰ぎ見ます。そして、民が有り難いと言えば言うほど、その感謝の心が前向きで新鮮な気持ちを生み出すことになるのです。それゆえ、リーダーが明徳をふるえば「民を新しくする」のだと朱子は考えたのです。

この解釈が宋の時代に加わったわけです。そして今度は王陽明《おうようめい》の時代になると、そもそも古本大学では「親」としているのだから元に戻したほうがいいと、もう一度「親民」に戻しています。つまり、「新しい」という解釈がいったん『大学』に載ったあと、「親しい」という解釈に戻っているわけです。しかし、これは単に元に戻ったというより、「新」と「親」がアウフヘーベン、より高次の段階で統一されて一体になったと考えたほうがいいでしょう。

つまり、リーダーが親身になって、民に親愛の情を抱いて、親に代わるような気持ちで接してくれなければ有り難さは出てこないし、それが出てこなければ民の心を新しくすることはできないのです。

そう考えると、朱子も王陽明も突き詰めれば同じことを言っているのではないだろうかというのが、二十一世紀の今日の、これからを見すえた解釈です。そういう意味で、この両者の主張を我々は有り難いと思って採用するほうがいいと思うのです。

●「止まる」の本義は「帰らざるべし」にある

三項目のもう一つ、「至善《しぜん》に止《とど》まるに在《あ》り」にも、「至善に止《とど》まる」という読み方はよくないとする主張もあります。これは「至善に止《し》する」と読まなければいけないというのです。

これは、そもそも何が本義なのかを突き詰めてみなさいという問題提起として理解したほうがより高みに前進できると思います。私がいつも参考にしている愛読書に、佐藤一斎《さとういっさい》の『大学欄外書』があります。「欄外」とは本文の周りにある余白のことです。つまり、『大学欄外書』とは、佐藤一斎が『大学』の余白に書いたメモをまとめた解釈書なのです。この『大学欄外書』で佐藤一斎はここを「まさに至善の地にとどまりて」と読んでいます。

しかし、重要なのは次のところで、「まさに至善の地にとどまりて、帰らざるべし」と書いてあるのです。つまり、この「帰らざるべし」というのが、「至善に止まる」の本義なのです。誰が見ても「それが善だ」ということを自分の毎日の行いの目標に置いて、それに到達しようと頑張る。至善までの階段を自分の足で一歩一歩と上っていって、その地に到達したら元に戻ることなくずっととどまっていることが大事だというわけです。

この「止まる」という字は、「足」の形を表した象形文字です。一番下の横の線はかかとを表しています。つまり「止」という字は、「足を使え」ということを言っています。「足で稼ぐ」という言葉がありますが、足で稼がなければだめです。こういうものを読んで、ああ、そうかと納得しても意味がない。肉体を使うことが重要です。無数の実践により徳を修得することです。

儒家の思想では「人間は四つの理解からできている」と言っています。一番目は「皮膚の理解」です。しかし、皮膚の理解は表層的なものです。皮膚は毎日生まれ変わると言われていますから、皮膚の理解も一日で消えてしまいます。それから、二番目は「肉の理解」です。肉の細胞も最近の研究では一週間か二週間で変わってしまうことがわかっていますから、肉の理解もそれぐらいの間には消えてしまうことになります。三番目は「骨の理解」です。これはさすがに蓄積しますが、最終的に一番いい理解は「髄の理解」だと言うのです。つまり、身体に浸み込ませる。身体に訴えかけるように理解する。こういう実践的な理解を「髄の理解」と表現しています。

『論語』冒頭の「学びて時に之を習う」は、英語で「Learning with constant perseverance and application」と訳します。素晴らしい訳です。このperseveranceは「忍耐強さ」「根気」を意味します。したがって、習うというのは忍耐強く何回も何回も繰り返すことによって身体が理解することだと言っているわけです。身体が理解しなければ学んだことにはならないのです。

佐藤一斎が朱子の言葉を尊重して「皆、まさに至善の地にとどまりて、帰らざるべし」と言っているように、たまに至善になるけれどあとは全然違うというのではだめなのです。そこにずっととどまって元に戻らない、そういう意味が「至善に止する」あるいは「至善に止まる」という読みの中に含まれています。至善が頂点で、そこから戻ってしまうようではよくない。だから「帰らざるべし」と言っているのです。これが本義で、どう読むかよりも、ここの解釈が重要です。

そこで、もう一つご紹介したいのが、横井小楠の『至善の論』です。これは善に至るとはどういうことなのかを説いたものです。横井小楠は、「これが善の至りだと思った瞬間に、それは至りでもなんでもなくなる」と言っています。山にたとえれば、ある山を登った瞬間に次に登るべき山が見えてくる。ここが頂点ではないということがわかる。これが人間の向上なのだと横井小楠は言うのです。

ですから、「私もとうとう至善に到達しましたよ」と、いかにも頂点に立ったような顔をしている人は大嘘つきです。至善に到達すれば、「ああ、まだ自分には足らないところがある」と気づいて、もう一歩先に進もうとするのが本物だというわけです。「死して後に已《や》む」と言いますが、その歩みは死ぬまで続くものです。休むのは死んでからでいいと言って、一生至善を求めて向上しつつ生きていくことが人間にとって重要なことなのです。

私はある教育機関の命名を依頼されたときに、至善という言葉を使った名前を提案しました。教育機関にとって、これでいいということはないからです。どこまでも際限がない、ゴールはないのです。この「至善に止まるに在り」も、そういう意味合いを含んで読まなければいけません。

●「明徳を明らかにする」ことを真っ先に教えた江戸の教育

ここまで「明徳を明らかにするに在り」「民に親しむに在り」「至善に止まるに在り」という三綱領についてお話ししてきました。これは、これからのアフターコロナの時代に人間がどう生きるかというときの要点にもなると思います。人間の生き方のガイドとしても上等な論ですので、じっくり考えていただきたいと思います。

先ほど申し上げたように、この三綱領は、昔の小学校一年生の最初の授業で学ぶことでした。江戸期の子どもたちは藩校あるいは寺子屋へ通いましたが、その始まりの年齢が六歳でした。要するに、今の小学一年生と全く同じ年齢で修養教育に入ったわけです。

寺子屋に行くと子どもたちはそれぞれ自分の文机を与えられて、三々五々に学びました。読むところは全員違いました。今のような横並びの一貫教育は明治五年に学制が敷かれて以降の話で、江戸時代の教育のポイントは、人間の個性・天性を尊重し、一人ひとりの性格に合わせて、それぞれのペースで学んでいくというものでした。

初めて寺子屋に行くと、先生から「どうぞ君はそこに座って」と言われて、渡されたテキストを開くと最初に『大学』の三綱領が出てくるわけです。我々より彼らのほうがよほど進んでいるのは、いちいちテキストを見て読む必要がないことです。なぜならば、彼らは三歳で素読を始めているからです。百字を百回も読めば、子どもの鋭敏な頭脳にはどんどん記憶されていきます。ですから、先生が「大学の道は明徳を明らかにするに在り、はい」と言うと、子どもは声をそろえて暗誦できるわけです。

暗誦した後は、先生が「今日はそこの意味をはっきりさせて帰ろう」と言って、「立派な人間になる道は一つしかないんだよ。それは、明徳を明らかにする。誰の目にも明らかなように、自己の最善を他人に徹底的にふるうことだよ」と教えます。

江戸の父母が一番見たくなかったのは、我が子が一人だけ除《の》け者にされて、みんなから離れて一人でいるという光景でした。そんな光景を見ると親はショックを受けました。そんなことにならないようにするため、親は子どもが三歳くらいのときから「世間は誰と誰からできているんだ？」と聞きました。子どもは「自分と他人」と答えます。そこで、親はあえて「自分は何人だい？」と聞くのです。当然、「一人」です。子どもがそう答えると、親は「そうだよね。それが何を表すのかわかるか？」と言って、「自分勝手になった途端に、一人きりになってしまうんだよ」と教えたのです。この問いを三日に一回くらい繰り返して、子どもに自分勝手なところが見えると、「一人きりになると何もできないよ」と諭しました。

机を二階に運ぼうとしても一人では運べません。しかし、自己中心的な振る舞いをしている人には誰も手を貸してくれません。だからこそ、社会教育として一番重要なのが「徳」を身につけ、人から認めてもらえるような自分になることです。そのために明徳を明らかにするのです。そして、どんな場合にも、他人のために自己の最善を尽くし切ると、相手は「ありがとう」と感謝します。だから江戸時代の親は、「ありがとうという言葉を何人の友達からもらえるかが勝負なんだよ」と子どもに教えたのです。

●感謝の人間関係こそが一番崇高なもの

人間関係には損得とか利害とかいろいろありますが、一番崇高と言われているのが、感謝の人間関係です。私に対して感謝してくれている人は、私が病で臥せっているとか、何かの理由で腐っていると聞いたら、行って見舞ってやろうとか、元気づけてやろうとしてくれます。そういう人が何人いるかが大事だというわけです。松下幸之助さんは「感謝の人間関係を何人と結ぶかが仕事の要諦だ。感謝の人間関係を稼ぐために人間は仕事をしているのだ」と言っています。人間としてのすべてのスタートはそこにあるわけです。

もう一つ、江戸時代の親が子どもに聞いたのは、「お前が嫌いな人間はどういう人間か」ということでした。子どもは「自分勝手、自分中心、そういう子は嫌だ」と答えました。そこで親は「そうだろう。お前はそんなふうになっていないか」と聞きました。そして、人から嫌われない人間、人から孤立しない人間にするために、親は子どもに理屈を説きました。そして「この言葉を一番大切にするんだぞ」と言って書いて渡したのが、「徳」という字でした。

六歳になって寺子屋に行くと、子どもはその最初の授業で、いつも親から言われていた「徳」について教えられました。だから子どもは「やっぱり徳に尽きるんだな」と納得して、みんなと親しんで学友になったわけです。

師を共にした友を朋友《ほうゆう》と呼びます。そして、朋友である人間と親しくするには、自己の最善を尽くすしかありません。尽くせば尽くすほど、みんなが自分に対して「ありがとう」と言ってくれる。それによって感謝の人間関係が次々に結べるわけです。そうやって親愛の友がたくさんできると、家から遊びに外へ出れば「こっちおいでよ」「こっちにおいで」といろいろな友達から声がかかる。それは子どもが幸せを感じる瞬間です。

そういう体験を重ねると、良い学校を出て良い就職先を見つけるという人生の目標も大切かもしれないけれど、徳をふるい続けるという目標も大切なのだと子ども心にもわかります。

私は東京の杉並区で、小学校教師の養成をする学校の責任者を務めていましたが、小学生の一、二年ぐらいになると子どもは人生というものを考えています。その時点では、自分の人生にとってより良いことは一所懸命勉強して優秀な学校に入るというプロセスしか頭にないのですが、『大学』を講義して聞かせると、「ああ、徳をふるうということも一つの人生の目標だと思った」「より良い人生のために重要だと思った」と言うようになります。小学一、二年生でも、それが理解できるだけの能力を持っているということです。だから、大人は子どもを見くびってはいけない。もっと尊重してあげなければいけません。

したがって「至善に止まる」至極の善に行かなければだめなのです。「ああ、有り難い」とみんなが言うような良いこと、百人いたら百人が「いいことだね」と言ってくれるようなことをしなければダメなのです。より良い人間関係が結ばれるというのは善の至り、至善なのです。

●すべては「明徳を明らかにする」ところから始まる

続いて第一節の後半を読んでみましょう。

止《とど》まるを知《し》りて后定《のちさだ》まる有《あ》り。定《さだ》まりて后能《のちよ》く静《しず》かなり。静《しず》かにして后能《のちよ》く安《やす》し。安《やす》くして后《のち》能《よ》く慮《おもんぱか》る。慮《おもんぱか》りて后能《のちよ》く得《う》。

物《もの》に本末《ほんまつ》有《あ》り、事《こと》に終始《しゅうし》有《あ》り。先後《せんご》する所《ところ》を知《し》れば、則《すなわ》ち道《みち》に近《ちか》し。

以上を八原則といいます。

至善という状況に止まるには「明徳をふるって毎日過ごせばいい」とわかると、志あるいは目標が定まります。そして、目標が定まると冷静になる。つまり、焦点が定まるから右往左往しなくなるのです。それによって「安し」人間としての安定感が出てくる。この目標を徹底して行えば自分の人生も何とかなると見定めることができるわけです。これは子どもでもそうです。その証拠に、江戸期の子どもたちは、六、七歳ぐらいで既に安定感のある子が多く、素晴らしい漢詩をつくっています。

「安《やす》くして后能《のちよ》く慮《おもんぱか》る」の「慮る」には二つの意味があります。「他人を思いやる」という意味と、「思考が深まる」という意味です。続く「慮《おもんぱか》りて后能《のちよ》く得《う》」の「得」は「とく」という読み方もあります。この「得」という字がここに来ているのは、「明徳」を受けているわけです。明徳の「徳」は天から得たものという意味で、しばしばこの「得」という字を代わりに使います。徳川家康の「徳」も、そもそもは「得」という字でした。ですから、江戸期までは、「徳」と「得」は同じような意味合いで使われていたのです。

ここでは「慮ると得られる」と言っています。何が得られるのか。そこで改めて考えれば、人間は何かを得るために生きているのではないでしょうか。皆さんがこの講義を受けておられるのも、良い人生が得たい、満足感が得たい、充実感が得たいからでしょう。なぜ毎日会社に行っているかといえば、充実感や満足感が得たい、俸給が得たい、得た俸給で良い家庭を得たいからでしょう。「得たい、得たい」というのが人生です。

「それが全部得られるんだ」と子どもに言うと、「自分はほとんど得られていない。どうしてだろう?」と首を傾《かし》げます。その理由が次に書いてあります。

「物《もの》に本末有《ほんまつあ》り、事《こと》に終始有《しゅうしあ》り。先後《せんご》する所《ところ》を知《し》れば、則《すなわ》ち道《みち》に近《ちか》し」。物事には本末もあれば終始もあるわけですから、本をやらずに末ばかり、初めがなくて終わりばかりだとしたら、得られるものも得られません。得ることからやれば、それは末や終から始めていることになります。だから、まずやらなければならないことをやらなければいけないのです。

そのように子どもに教えると、「何から始めればいいですか？」と子どもは聞きます。そこで「明徳を明らかにすることから始めることだ」と。寺子屋では、それをずっと子どもに説いていたのです。

ですから、三綱領を身につけるというのも、「明徳を明らかにする」ということから始まるわけです。以上を八原則といいます。

●三綱領の裏付けとなる八条目

さて、三綱領の次に出てくるのは八条目という、三綱領の裏付けとなる大切な章句です。私はよく言うのですが、西洋流のリーダーシップ論を読むと、リーダーが守るべきことやリーダーに必要な能力を説くだけで終わってしまっています。しかし、現実には、リーダーが必要な能力を保持していたとしても、それをふるう対象を理解していなければ役には立ちません。ここが西洋流のリーダーシップ論の大きな欠点です。

東洋のリーダーシップ論は違います。この『大学』もそうですが、リーダーのあり方を事細かく説いたあとには必ず組織論と社会論がついています。組織とか社会というものがあって、初めてリーダーが意味を持つのです。組織の役にも立たないし、社会の役にも立たないのに、「明徳を明らかにして、民に親しみ、至善に止まる」と言っても意味はないわけです。

ここもそうで、リーダーの三つの要件、すなわち三綱領を説いたあとに、八条目という形で組織論・社会論が用意されているわけです。西洋のリーダーシップ論の権威も、この八条目を講義すると感心しきりです。我々にとっても、組織論・社会論がついているのは有り難いことです。早速、八条目が書かれた第一段第二節を読んでいきましょう。

古《いにしえ》の明徳《めいとく》を天下《てんか》に明《あき》らかにせんと欲《ほっ》せし者《もの》は、先《ま》づ其《そ》の国《くに》を治《おさ》めたり。其《そ》の国《くに》を治《おさ》めんと欲《ほっ》せし者《もの》は、先《ま》づ其《そ》の家《いえ》を斉《ととの》へたり。其《そ》の家《いえ》を斉《ととの》へんと欲《ほっ》せし者《もの》は、先《ま》づ其《そ》の身《み》を脩《おさ》めたり。其《そ》の身《み》を脩《おさ》めんと欲《ほっ》せし者《もの》は、先《ま》づ其《そ》の心《こころ》を正《ただ》しくせり。其《そ》の心《こころ》を正《ただ》しくせんと欲《ほっ》せし者《もの》は、先《ま》づ其《そ》の意《い》を誠《まこと》にせり。其《そ》の意《い》を誠《まこと》にせんと欲《ほっ》せし者《もの》は、先《ま》づ其《そ》の知《ち》を致《いた》せり。知《ち》を致《いた》すは物《もの》を格《ただ》すに在《あ》りき。

この文章がまず素晴らしいと思うのは、漢籍全般にいえることですが漢文にある漢字を一文字も廃することなく、すべて日本語に書き下しているところです。原文のすべての文字をしっかり使って日本語にしています。これは大変な訳文です。日本がいかに外来文化を吸収してきたかという証《あかし》です。漢文をこんなにうまく日本語にした訳はお目にかかったことがありません。さらに、語調がいいし、リズム感もいいし、音韻もいい。こんなに完璧にできている訳をいただいていることを先人に感謝しないわけにはまいりません。

まさに、こういうことを「徳をふるう」というのです。後ろに続く人が喜ぶだろうと思って、小さなこともしっかりすることが重要なのです。後世の人の喜ぶ顔が見たいと思って日々を暮らしていくべきだということもここで表しているわけです。

さあ、ここではどういうことを言っているか、順番に見ていくことにしましょう。一字一句を深く読んでいこうとしたら時間がいくらあっても足りませんが、私の主義として、できるだけ丹念に読んでいきたいと思います。

●健全な社会をつくるために欠かせない「六府三事」

まず、「古《いにしえ》の明徳《めいとく》を天下《てんか》に明《あきら》かにせんと欲《ほっ》せし者《もの》は」とあります。なぜ「古」という文字がここに出ているのか。実は、この「古」という文字は伝統精神を表しているのです。つまり、我々の伝統の中にはすでに明徳もあるし、親民もあるし、至善もあって、そういうものをずっと大切にしてきた。そういう先人の教えに我々は深く頭を垂れて感謝をして、その人たちが何を主張し、何を大切にしてきたかをよく読み解くことが必要なのだと言っているわけです。

五経の一つである『書経』の中に、「平成」という年号の出典となった言葉が出てきます。「地平《ちたい》らぎ天成《てんな》り、六府三事《りくふさんじ》允《まこと》に治《おさ》まり」と。つまり、我々の住む地上が平らかにならないと天は成り立たないと言っているのです。我々は天からすべてを得ています。その意味で、人間はまさに天から遣わされた者なのです。ですから、天が命じた人間ならではの使命というものがあって、その為に与えられたのが「性」です。人間性、理性の性です。

我々は天に命じられて、今ここで人間をやっているのですが、天は「この世に生まれついた一人ひとりが必ず愉快な人生を歩めるように健全な社会をつくってくれ」と人間に命じているのです。しかし、天は言葉を発することはできないし姿を現すこともできないので、自分の代わりとして人間をこの世に遣わしている。そう考えるのが天人合一説というものです。これは天と人間の相関説で、儒家の伝統にしっかり根付いている考え方です。

天人合一説によれば、天の期待に応えて、天に感謝して人間性、理性に基づいて人間が暮らしているから社会が健全になるのです。健全な社会とは、天の道理が通る社会です。「こんなのは道理に反している」と多くの人が言うような社会は、健全な社会とは言えません。ですから、天の道理をこの世に敷くことが政治の一番重要な役割になるわけです。

しかし、いくら政治が天の道理を説いても民が理解できなければ、健全な社会にはなりえません。そこで、政治が道理を説いたときに「それが天の道理だ」と言える民をつくる必要があります。ここに教育の本義があるのです。教育の本義とは、道理を促進できる人間をしっかりつくることです。そのためには、教育の中で道理を説かなければいけません。『大学』が小学校一年生一学期の最初に読むテキストである理由はそこにあります。これが身に染みてこそ、健全な社会もありえるのです。

先に「地平らぎ天成り、六府三事允に治まり」が「平成」の出典だと言いましたが、世の中が平成になるためには、「六府三事」が治まっていなければいけないのです。「六府」とは六つの倉庫です。政府は六つの倉庫を持っていなくてはなりません。それは「水・火・金・木・土・穀」の六つです。つまり、水蔵（水）、エネルギー倉庫（火）、金庫（金）、木材倉庫（木）、資源倉庫（土）と穀物倉庫（穀）です。

江戸時代には見上げるばかりの立派な倉庫が各地にありました。そして、何かあったときには倉庫を開く。これを「府庫を開く」と言いましたが、これは「民を助ける」という意味があります。政府が倉庫を開いた瞬間に、民は「ああ、二、三年はこれで食べていける」と安堵する。そういう安堵感を与えるのが本来の政治というものなのです。

そのときに「三事」が重要になります。三事とは、「正徳・利用・厚生」です。「正徳」は正しい徳です。「利用」は今では安っぽく使われますが、「もったいない」というのが本義で、そこから「よく用いる」という意味があります。とくに人間の天性天分に沿って能力をしっかりふるわせることをいいます。さらに「厚生」は生に厚いと書くように、命を大切にする、生命尊重を意味しています。この三事が政治には大切だと『書経』は説いています。

この「六府三事」を念頭に置いて『大学』は「明徳を天下に明かにせんと欲せし者」と言っているのです。ですから、明徳や正徳が充満しているようなところに住んでいる人間が、まず自己の最善を他者に尽くし切るという精神を持つ。そして、そういう人たちが集まって村ができ、町ができ、都会ができれば、非常に健全な社会になると言っているわけです。

●一人ひとりが身を修めることが良い国、良い会社をつくる

そういう社会にするには、「先《ま》づ其《そ》の国《くに》を治《おさ》めたり」とある通り、政治家はまず国を治めなければいけません。国が大借金を背負って、いつ何時どうなるかわからないとか、近隣諸国との関係がうまくいかずに戦争が始まりそうだとか、一旦緩急《かんきゅう》があったときに政府が府庫を開こうともしないとかいうのでは困るのです。だから、まず国が治まっていなければいけない。

そして次に、「其《そ》の国《くに》を治《おさ》めんと欲《ほっ》せし者《もの》は、先《ま》づ其《そ》の家《いえ》を斉《ととの》へたり」国を治めようとする

者は、まず家を斉えなければいけない。国とは家の集合体ですから、一軒一軒の家が家庭崩壊しているのに国が治まっているということはありません。

家が斉うというのは、お父さんはお父さんらしく、お母さんはお母さんらしく、子どもは子どもらしく、それぞれの人生を送っているということです。お父さんが「俺はこれから勝手にやるから、みんなも勝手にやって」と言ったり、お母さんが「私も勝手にやるから」と言ったりするのを育児放棄と言います。これが現在、ものすごく多くなっています。

なぜそういうことになるのか。逆に、そうならないようにするにはどうすればいいのか。その基本は「其《そ》の家《いえ》を斉《ととの》へんと欲《ほっ》せし者《もの》は、先《ま》づ其《そ》の身《み》を脩《おさ》めたり」ということです。一人ひとりの家族の身が修まっていないところに家庭崩壊や育児放棄の原因があるのです。それゆえ、国家の基本として、一人ひとりの人間の身が修まることが重要になるわけです。

それぞれの身を修めるためにあるのが三綱領です。ところが今は、それを教えていないのですから、身が修まるわけはありません。

これを組織として見るとどうなるかと言えば、良い会社をつくろうと言うだけで良い会社になるわけでは決してないということです。会社が健全に経営されていなければ、良い会社にはならない。そして、会社が健全に経営されるには、販売部とか製造部といった一つひとつのセクションがやるべきことをしっかり守ってやっていることが欠かせません。各部門がそうやって成り立っていなければ、会社も成り立たないわけです。

では、部門が成り立つとは何かと言えば、部門の構成員一人ひとりの身が修まっていること、つまり、しっかり自分の役割を承知して果たしていることが欠かせません。

いつまでに何をどうすれば自分の役割が果たせるのかをしっかり知って行っているというのが、身が修まるということです。いきなり良い会社にしようといくら言っても、そんなものは絵に描いた餅に終わるだけです。その前に、一人ひとりの社員が身を修めることが重要だと言っているのです。

●心を正しくするとはすべてに真心を込めるということ

では、身を修めるためにはどうすればいいでしょう。それは自分で考えることだというのが西洋流の教科書です。しかし、東洋の教科書である『大学』では、有り難いことに「修身とは何か」ということをしっかり説明してくれています。そこにはこう書かれています。

「其《そ》の身《み》を脩《おさ》めんと欲《ほっ》せし者《もの》は、先《ま》づ其《そ》の心《こころ》を正《ただ》しくせり」身を修める第一は、心を正しくすることだと言っています。心を正しくするということを深掘りすると、どういうことになるでしょうか。そのためにはまず、「正」という字の意味合いを理解しないといけません。先ほど

「止」という字は足の象形文字だと言いました。「正」という字をよく見ると、「止」という字が使われていることにお気づきになるでしょう。つまり、「正」の上の横に引いた線に「止」つまり足がビシッとくっついています。この状態を「正しい」というのです。

では、この線は何かというと、自分が人間として守るべき規範を表しています。

したがって、江戸期の教育は規範形成教育でした。そして、この規範は『孟子』が基本になっています。つまり、父親は「義愛《ぎあい》」をふるい、母親は「慈愛《じあい》」をふるうのです。母親の慈愛は「惻隠《そくいん》の心」を生じさせます。これは困っている人を見て気の毒だと思う心です。それから父親の義愛により「羞悪《しゅうお》の心」が生じます。これは自分の偽善を恥じて社会の悪を嫌う心ですから、自分が犯罪人になることは決してありません。また、へりくだって他人に譲ろうとする「辞譲《じじょう》の心」が生じますし、徳に適っているかどうかを検証する「是非《ぜひ》の心」が生じます。「是非の心」とは、正しいか正しくないかを判断する心です。この惻隠・羞悪・辞譲・是非の四つの心を「四端《したん》」と言います。四つの端緒という意味です。これは『孟子』に挙げられているものですが、江戸期には幼年時代にしっかり教えるべき規範と考えられていました。

この四端は、惻隠の心が「仁」になり、羞悪の心が「義」になり、辞譲の心が「礼」になり、是非の心が「智」になります。人間の智とは是非を問うことなのです。人間としてこれは正しい行為かどうか、人間の最も崇高な心のあり方が発露されているかどうかを考えるのが智というものです。ですから、是非の判断をしっかり身につけることが大事になるのです。この仁・義・礼・智のことを「四徳《しとく》」と言います。この四徳を身につけることが規範形成教育の眼目になりました。

そして、この仁・義・礼・智をふるうと相手の心の中に「この人は信用できるぞ」という「信」が芽生えます。仁・義・礼・智をふるわない人間を信用することはできないのです。この仁・義・礼・智・信が規範となりました。これが明徳の基本です。「心を正しくせり」と言うのは、こういう規範を持ってくれと言っているわけです。

では、心を正しくするためにはどうすればいいのでしょうか。「其《そ》の心《こころ》を正《ただ》しくせんと欲《ほっ》せし者《もの》は、先《ま》づ其《そ》の意《い》を誠《まこと》にせり」とあります。「意」とはなんでしょうか。ここでも漢字の有り難さが表されています。「意」という字を分解すると「心の音」となります。「心の音」とは、心の中で鳴っている音です。人間は話をするとき、心の中で「次はこれを言おう、次はこれを伝えるべきだ、これを徹底的に主張しなきゃだめだ」という心の音を聞いて、それを口の音に直して声に出します。ですから、心の音から誠にしなければ心は正しくならないのです。これを言い換えれば、「真心から」ということです。道元禅師は「一つひとつを丁寧に、真心を込める。それが修行だ」と言っていますが、「真心を込めて」ということが重要なのです。

●致知格物とはどういうことか

そして、「其《そ》の意《い》を誠《まこと》にせんと欲《ほっ》せし者《もの》は、先《ま》づ其《そ》の知《ち》を致《いた》せり。知《ち》を致《いた》すは物《もの》を格《ただ》すに在《あ》りき」と。これを「致知格物《ちちかくぶつ》」と言います。知を致す。致知の「致」という字は、自分の人間としてのあるべき人格に到達していく心を表しています。なんとしても立派な人間になって多くの人間を救いたいと思う、その活動を表したのが「致」という字です。ですから、「知に致る」という言葉の中には仁・義・礼・智・信のすべてが入った明徳が含まれることになります。それを日常茶飯《さはん》として自分の行動に昇華していき、実践する。これを「範を垂れる」とも言いますが、そういうものが致知の意味です。

『中庸』の冒頭に「天の命ずるを之性と謂う」とあるように、人間は天から性をもらって生まれたのですが、その性つまり人間性や理性に代表されるものが、人間としての崇高な「知」なのです。これを「良知」と言います。「良知」とは「知を致す」ことなのです。

次に「物を格す」つまり致知格物の「格物」ですが、これについて朱子はこう言っています。万物事物すべてのものはその物自体でなければならない。だから、人間は真実の誠を持って「この人の本当の持ち味はここにある」「この花の本当の誠はここにある」というように、一つひとつの誠を見てあげなくてはいけない。そうした高みに到達して物を見ることが格物である、と。だから、「格」を「いたる」と読むのです。「物に格る」とは、その物の根源・大本・持ち味といったものに深く根差して理解すること。それが最も大切だと言っているわけです。朱子の説く「格物」は、あえて言えば、「明徳をふるうにしろ、相手をよく知ってその人が一番欲しているところへ提供することが重要なのだ」という意味にもとれます。

それに対して、王陽明の陽明学は、格物について「事物に対する正しい認識に格さなければいけない」と言います。だから「格」を「ただす」と読みます。とかく人間は上っ面だけを見て物を理解したような気になってしまう。とくにそこに私欲が絡んだりすると、自分の都合のよいように見てしまう。しかし、それではだめで、そういう見方は格さなくてはいけないと言っているわけです。

このように、儒家の思想の頂点を極めた朱子という碩学と、それをさらに発展させた王陽明という碩学が、二人それぞれ「格物」の理解の仕方を説いてくれたおかげで、私たちは二つの説に恵まれることになりました。その二つの説をどう受け入れるかですが、その心はただ一つ、「よく見ろ」ということです。人間で言えば、その人の本義を見る。さらに他の物については、万物の真義・本義・持ち味を見ていく。それが重要なのだと言っているわけです。それを知って、社会なり組織なりをよりよくしていくことが、明徳を天下に明らかにすることにつながるのです。

●当事者意識を持てばどんな難題でも解決できる

「物格《ものただ》しくして后《のち》知至《ちいた》る。知至《ちいた》りて后《のち》意誠《いまこと》なり。意誠《いまこと》にして后《のち》心正《こころただ》し。心正《こころただ》しくして后《のち》身《み》脩《おさ》まる。身脩《みおさ》まりて后《のち》家斉《いえととの》ふ。家斉《いえととの》ひて后《のち》国治《くにおさ》まる。国治《くにおさ》まりて后《のち》天下《てんか》平《たいら》かなり」

第二節の後半では、今お話ししてきたことを反対から見ていきます。この本義を抜き出して、今日的に読むとどう読めるかを会社になぞらえてお話をしてみようと思います。

たとえば、会社で大きな問題が起こったとします。こういうときは、全社員が総がかりで対処しなければいけません。一番良い例が現在のコロナ禍です。人との接触を控えてくれと国から要請されています。これを多くの人間に承知してもらうにはどうすればいいのか。それを『大学』は「物格《ものただ》しくして」と説いています。

この「物」とは万物のことで、すべてのもののことを言っていますが、たとえば自分の会社の社員に問題解決に加わってもらうにはどうしたらいいかというと、その答えは一つしかありません。それは当事者意識を持ってもらうことです。「それは総務部の考えるべき問題だよ」

「私は関係ない」と思っている限り、問題解決どころか一歩も踏み出せません。

そこで「あなたの問題なんだよ」と社長が一人ひとりの社員に対して語りかけるのです。それをせずに、当事者意識を持ってもらうことはできないのです。「これは君にとっても大変重要な問題なんだ。なぜかというとね……」と社長が諄々《じゅんじゅん》と説く。それによって、社員の大方が当事者意識を持って「これは自分の問題だ」と思ってくれた瞬間に、問題は解決する方向に動き出すのです。

プロジェクトが失敗する、改善・改革がうまくいかないというケースを調べてみると、大半は社員が自分の問題として見ていない。社員だから上から命じられればハイハイと言いますが、心の底ではうまくいくとは思っていない。それが失敗の原因になります。

当事者意識を持つと、問題解決のために人間の崇高《すうこう》な知恵を全員が使うことになります。そうすると「こうやったらどうなのか」「こういうふうにしたらどうか」といろいろな意見が出てきます。それが「物格《ものただ》しくして后知《のちち》至《いた》る」ということです。

ですから私は、今のコロナの問題でも、総理がどうして国民に問わないのかと思うのです。黒船が来航したときには、幕府は民に対して「皆さんの知恵をいただきたい」と言いました。広くそう言うことが重要なのです。「知恵をいただきたい」というのは、国民に当事者意識を持ってもらうということです。政治家が『大学』を読んでいれば、それがいかに大事なことなのか、すぐにピンとくるはずです。物を格しくして当事者意識を持ったならば、みんなが一所懸命、解決策を探して知恵をふるうのです。

それが「知至《ちいた》りて后意誠《のちいまこと》なり」につながります。会社であれば、真心を込めて全社員で実行するということです。各人が「それは自分の問題だ」と思っているから、自分の知恵の限りを尽くして解決策を考える。そして、これだという方法が見つかったら、全社員が真心を込めて解決に当たる。そうすれば、できないことはないのです。

その結果、「意誠《いまこと》にして后心正《のちこころただ》し」となります。気持ちを正しく持つとはこういうことなのだと気がつくのです。これが全社改革の要点です。そのへんの経営書を見ると難しく書いてありますが、『大学』を読めば、経営の革新の手順と方法がよくわかります。

そして「心正《こころただ》しくして后身脩《のちみおさ》まる」心が正しくなると身が修まります。社員の身、国民の身が修まるのです。「身脩《みおさ》まりて后家斉《のちいえととの》ふ。家斉《いえととの》ひて后国治《のちくにおさ》まる」身が修まると家が斉い、家が斉うと国が治まる。つまり全体が治まってきて、その結果、「国治《くにおさ》まりて后天下平《のちてんかたいら》かなり」で、「良い社会になったな」と誰もが思うような社会になるのです。

●根本を知らなければ何事もうまくいかない

天子《てんし》より以《もっ》て庶人《しょじん》に至《いた》るまで、壱《いっ》に是《こ》れ皆《みな》身《み》を脩《おさ》むるを以《もっ》て本《もと》と為《な》す。

其《そ》の本乱《もとみだ》れて末治《すえおさ》まる者《もの》は、否《あら》ず。其《そ》の厚《あつ》き所《ところ》の者薄《ものうす》くして、其《そ》の薄《うす》き所《ところ》の者厚《ものあつ》きは、未《いま》だ之《こ》れ有《あ》らざればなり。此《これ》を本《もと》を知《し》ると謂《い》ふ、此《これ》を知《ち》の至《いたり》と謂《い》ふなり。

第二節の最後の段落を読んでみましょう。

まず「天子《てんし》より以《もっ》て庶人《しょじん》に至《いた》るまで、壱《いっ》に是《こ》れ皆身《みなみ》を脩《おさ》むるを以《もっ》て本《もと》と為《な》す」とあります。最上位の天子から一般の人に至るまで、身を修めていくことには変わりはありません。このとき、リーダーはリーダーの身の修め方、一般の人は一般の人の身の修め方をしていくことが重要です。また先ほどから言っているように、国民一人ひとり、社員一人ひとりの身が修まるかどうかが基本ですから、リーダーは一人ひとりの心に訴えかけなければなりません。横井小楠は「至誠惻怛《しせいそくだつ》」真心込めて一人ひとりの身を案じて説いていくのが政治のあり方だと説いています。

次に「其《そ》の本乱《もとみだ》れて末治《すえおさ》まる者《もの》は、否《あら》ず」とあるように、一番の大本が乱れているのに結果的に治まるということはありません。どんな組織でも、どんな社会でも、その根源がどこにあるのかを考えて、そこをしっかりさせていく。つまり、国民一人ひとりの身が修まるということが大事なのです。

「其《そ》の厚《あつ》き所《ところ》の者薄《ものうす》くして、其《そ》の薄《うす》き所《ところ》の者厚《ものあつ》きは、未《いま》だ之《こ》れ有《あ》らざればなり」。今のコロナ禍であれば、リーダーは国民一人ひとりの心に訴えかけなければいけないのにもかかわらず、国全体のことばかり言っています。今は国全体のことは後回しでいいのです。まず一番厚くしなければいけないのは、一人ひとりの国民が当事者意識を持つことです。だから、国民に訴えかけていくことが大切なのです。薄くていいところを厚くして、厚くなければいけないところを薄くしていればうまくいくはずはありません。もっと根本を知らなくてはいけません。

私は、この『大学』という書物を若いときから何回も繰り返し読んできました。この講義を担当するにあたり、『大学』という名がついて市販されている二十数冊の本にも目を通しました。その結果、改めて『大学』の真価に思い至り、感じ入りました。そういう私の感動、感激を皆さんにお伝えしたくて、私なりに自己の最善を尽くしてお話をいたしました。今日、お話ししたところが『大学』の本意ですから、それこそ江戸の子どものように、何度も何度も、百字百回、しっかり読むことが重要です。

もう一つ、返す刀でやっていただきたいのは、是非お子様に教授をお願いしたいということです。それぞれの家庭で、お父さんお母さんが「今日『大学』という書物の講義を受けたけれど素晴らしかった。これは江戸時代に、小学校一年の最初の授業で教えたテキストなんだ。だから、あなたにも親の務めとしてしっかり教えたいと思うんだ」と話して、今日の講義をお伝えいただきたいのです。それによって、日本の社会も幾分か向上・進化すると思うのです。

もっともっと、お話ししたいことがございますが、時間がまいりましたので今回はここまでにいたします。足りない部分については次回にまた補足をしていきたいと思います。

第二講　修己とは何か

●いくら学んでも実践しなければ意味はない

前回お話しした致知格物の「致」という字の字義を教えてほしいという質問がございました。すでにお話ししましたように、致知格物は『大学』の骨であります。江戸期以降、日本では致知格物論だけで百通りの意見があるほど研究が進んでいます。戦後もいろんな意見が統一されてきたと言ってもいいと思います。そういう意見に基づいてもう一回お話をすると、朱子は「心を正しくする」ことについて、「心は身の主」であると言っています。つまり、身体の主人が心だというのです。したがって、心が問題なのだということをまず認識しなければなりません。

心というものは、いつも我々と離れずに一緒に暮らしています。しかし、心を省みることはなかなかないでしょう。朱子は、それではいけないと言っています。いつも己の心がどういう状態なのか見なければいけない。そのときに「心を正しく」ということを考えなければならないのです。

私もこの『大学』について、いろんな場所でいろんな方にお話をしてきました。それこそ小学生から中学・高校生、社会人までお話ししましたし、警察署や消防署に行って講義をしたこともあります。すると「心を正しくするとはどういうことですか」というご質問が非常に多いのですが、そのときに私は「正という字はどういう字からできているか、まず考えてみてください」と申し上げます。すると小学校一年生などは鋭くて、「この線で止まれっていう字になっている」と答えます。まさにそうなのです。正という字は、止の上に横の線が必要です。そして、この線が規範を表しているのです。

前回お話ししましたように、江戸期の教育は規範形成教育でした。幼い頃から規範をしっかり身につけさせる教育でした。規範とは何かと言うと『孟子』の言う仁・義・礼・智の四徳です。つまり、仁に適っているか、義に適っているか、礼に適っているか、智に適っているかを常に見ながら心を整えていくというのが「心を正す」ということなのです。

仁・義・礼・智の四徳を私がふるうと、皆さんは「この男は信用してもいいのではないか」と思うでしょう。すると、その心に「信」が生じ、それがこちらに返って来るわけです。つまり、仁・義・礼・智の四徳をふるうことによって信頼関係ができ、信が生まれるのです。「心を正す」ことによって、それが生じるのです。

そして、「心を正す」ために、『大学』の第二節では「意を誠にせり」と言っています。「意」とは意識とか意義とかいったことですが、前回もお話ししたように、「意」という字を分解すると「心の音」になります。「心の音」というのは、自分に対して心が「ああせい、こうせい」と言うことで、それが行動として表れてきます。ですから、正しい行動をするためには、心が正しくあることが基本になります。正しい心が「こうしなさい」「ああしなさい」と言い出すというのが、「意」というものなのです。

そのときに一番重要になるのが「誠」です。「誠は実なり」と言います。これを一緒にすると誠実になります。「誠」の根本は誠実な心なのです。では、誠実とは何かと言えば、天地を敬い、親を敬う心です。「こんなものは簡単じゃないか」「こんなものは尊重する必要はない」という気持ちは誠実さに欠けます。どんなに小さく簡単なことでも、言われたらしっかりやってしっかり暮らすことが「意を誠にする」のです。

そのためには「知を致せり」ということが必要です。ここに「致」という字が出てきます。致知の「致」は「いたす」と読んでいますが、朱子の説くところでは「押し極める」ことです。ですから、「知を致す」とは「知を窮める」ことです。さらに「知は識のごとし」と言います。この「識」は意識の「識」です。仏教でも阿頼耶識《あらやしき》といって「識」を重視しています。根本的に人間が持って生まれた「これなくして人間にあらず」という認識が人間の自覚を促すのです。「それは人間として恥ずかしい行為だ」と言われないように、どういう行動をすべきかをしっかり認識するのが人間に与えられた「知」というものです。

これをさらに深読みしていったのが、佐久間象山や横井小楠などの維新の志士たちです。般若心経というお経は、サンスクリット語ではマハー・プラジュニャー・パーラミター・フリーダヤスートラーと言います。マハーは「大きな」という意味ですが、その次のプラジュニャーを鈴木大拙さんは「無分別智」と訳しています。英語で言うと、Transcendental wisdom（超越した知恵）です。これは簡単に言うと「天と人間をつなぐもの」という意味です。「天に恥じない行為をする」というのは、人間ならではの認識として持っている「知」の働きです。その意味では、「知」は人間であることの一つの印と言ってもいいのです。

「致知」とは、そのような知を押し窮めるということ、人間ならではの在り様を押し極めるということです。そこには今日のポイントである「修己」己を修める、自分を鍛えるという意味合いが非常に大きく反映されています。

前回もお話ししましたが、朱子学と陽明学では「格物」に対するアプローチの仕方が違います。一方、どちらも共通して言っていることは「礼」の大切さです。『大学』は『中庸』と共に『礼記』という「礼」を説いた書物から出たものですから、根本には、どこまで行っても礼の重要さがついて回っているのです。

「礼」とは人倫秩序の大本であり、秩序が保たれるための「規」、つまり法則とか規則を表しています。そういうものに到達することを全般的に言っているのが「致知格物」という言葉です。これは、己に授かった人間ならではの善良なものをいつも忘れることなく、常に物事をしっかりと見て、その物の本質を認識していくところに人間としての正しい生き方が生じてくるのだと訴えています。

そこには「学びて時に之を習う」という『論語』の大命題《めいだい》が横たわっています。この言葉は自分が実践しなければ意味がないということを言っています。「習」という字は羽が白いと書きます。これはまだ飛べない鳥の雛が一所懸命羽ばたく訓練をしている様子を表しています。学んだら何千、何万回と練習をする。江戸の子どもたちも百字百回で、必ず百回、同じ個所を読んだのです。それによって記憶の中に入っていく。素読にはそういう目的があります。だから、実践することが前提にあるのが「致知格物」という言葉だとご理解ください。

それこそ、百通り二百通りの解釈があるのですが、私ができうる限り文献を詳細に調べたところをお話しした次第です。この解釈が、今のところ一番妥当ではないかと思っています。

自分が人間であるということの証左が何かとよくよく考えることが大事なのです。人間ならではの知、善、良知といったものが何かとよく突き詰めてみることが、修己治人の「修己」の根本にあると思ってください。

●誠実さを身につけるところから自己修養が始まる

さて、今回は第二段第一節から読んでいきます。ここでお断りをしておかなければいけないのは、朱子の時代には『大学』の原本が残っていたわけではないということです。「思うにその書たる、なお頗る放出す」と朱子は言っています。つまり、自分は二程、すなわち程明道《ていめいどう》・程伊川《いせん》兄弟（いずれも北宋時代の儒学者）の学説を引き継いでいるけれど、二人から直接習ったわけではない。また、『大学』をしっかり読もうと思っても、そのほとんどは散逸していて、何が先で何が後にくるのかという順序もわからなくなっている、と。だから自分にはまだ『大学』を語るほどの学識があるとは思えないけれど、そういった古い考えは忘れて、断片的な証拠を集めて欠けている部分を補い、『大学』という書物を作ったのだと言っているのです。

そのときに朱子は、三綱領と八条目の順番をよく知って、その順序で整えるのが一番いいとしています。ですから、この世に残っている『大学』は大別すると二通りあって、一つは朱子の時代に編纂をした、今我々が目にしている順番で整えられた『大学』です。それからもう一つ、朱子の大体五百年から六百年ぐらい前の孔穎達《くえいたつ》という唐の初め頃の人が編纂したものがあります。

先にもお話しした通り、『大学』は五経の一つである『礼記』の中の一篇が大本になっています。『礼記』の中の大学篇を抜き出したものが『大学』となり、中庸篇を抜き出したものが『中庸』という書物になっています。どうしてそういうことをしたのかと言うと、『礼記』全体を読むよりも、大学篇、中庸篇を抜き出して、そこだけ読むほうがいいのではないかという説が後漢の頃にあったのです。そして、とくにその考え方が強まったのが『貞観政要《じょうがんせいよう》』という書物で有名な唐の太宗の頃でした。

当時、五経というものを国是にするということで、その一つである『礼記』をしっかりとした書物にしなければいけないという話になりました。そこで孔穎達という人が、後に朱子が行ったのと同じように、いろいろなところから『礼記』の記述を集めて編纂しました。

『中庸』をつぶさに読むと、『礼記』が何を重要視していたかがよくわかります。『中庸』の中に、誠実というものがどうして重要なのかということについて述べた箇所があります。そこには、親に対する孝行がしっかり確立されていない人間は友人関係もうまくいかないし、社会に出てもうまくいかないと書かれています。なぜならば、社会へ出ると、親と子の関係がそのまま上司と部下の関係にもなり、年長者と自分との関係にもなるからです。

私は、「家庭は社会のトレーニング場」と言っています。家庭教育で孝行をしっかり習った人間は、外へ出ても上司への仕え方が非常に巧みで、常識的でしっかりしています。そういう意味で、親孝行が重要なのです。

これについて『中庸』にはこう書いてあります。「朋友に信ぜられざれば、上に獲られず」。友達に信用されなければ上の人に信頼されない、という意味です。では、友達に信用されるにはどうすればいいかと言うと、「親に順ならざれば、朋友に信ぜられず」親に従順でなければならないというわけです。親に逆らっているような孝行から程遠い人間であれば、友達にも信用されない。だから、社会に出てもなかなかうまくいかないというわけです。

　では、親に従って、親に安心してもらうにはどうすればいいのでしょうか。そのためには順番がある。「親に順なるに道あり」と『中庸』には書いてあります。その順番とは何かと言うと、「諸を身に反して誠ならざれば、親に順ならず」と。つまり、誠実さが大切だというのです。嘘偽りのなく、一つひとつ丁寧に真心込めてということがしっかりできていれば、親も「ああ、いい子に育っているな」と安心します。しかし、そうでなければ親も心配になります。そのままだと、社会に出てもなかなかうまくいかないからです。

　これがよくわかっている経営者は、社員を採用するとき、人事部長に「親孝行者を採ってくれ」と指示します。親孝行者はすでに組織人としての訓練ができているし、年長者・上司に対する姿勢ができているからです。その要点が「誠」ということなのです。

『中庸』には、誠にするにも方法があると書いてあります。それは「善に明らかならざれば、身に誠ならず」ということです。心の内を善良にするということがなければ、誠というものがよくわからない人間になってしまうという意味です。

　このように『中庸』が説いている根本的な要点の一つが、誠実さです。『中庸』が説いているものを『大学』も受けて、前回「意を誠にせり」「その意を誠にせんと欲せし者は」とあったように、意を誠にすることこそが自己修養の原点で、ここがしっかり確立していなければどんな修養をしようとも身につかないと言っているのです。「こんなことやったってどうなるのか」「こんなの面倒くさいだけだ」などという誠実さに欠けた態度で修養をしても何も身につかない。したがって、まず誠実さというものをしっかり身につけなくてはいけない。ここから説かないと、いくら立派にことを説いてもなかなかうまくいきません。

だからこそ、三綱領、八条目のすぐ後に、誠についての内容が出てくるわけです。『礼記』の本旨から言うと、これはしっかり確認しておいたほうがいいし、また一番重要なこととして説いておいたほうがいいというので、朱子は第二段第一節に置いたわけです。

ですから、皆さんも、お子さんをお育てになるとき、部下をお使いになるときには、誠実さをまず求めなくてはいけません。その前に、自分自身が誠実に物事を受け取っているかどうか省みる必要もあるでしょう。馬鹿にしたり軽く考えたりせずに、しっかり受け止めなくてはいけません。誠実さに欠けるところがないかどうか、しっかり見ていただきたいと思うのです。

●「慎独」は自分に嘘をつかないための訓練法

では、第二段の第一節を読んでいきましょう。

所謂《いわゆる》其《そ》の意《い》を誠《まこと》にするとは、自《みずか》ら欺《あざむ》く毋《な》きなり。悪臭《あくしゅう》を悪《にく》むが如《ごと》く、好色《こうしょく》を好《この》むが如《ごと》くす、

此《これ》を之《こ》れ自《みずか》ら謙《こころよ》くすと謂《い》ふ。故《ゆえ》に君子《くんし》は必《かなら》ず其《そ》の独《ひとり》を慎《つつし》むなり。

名文です。まず解釈をしてから解説をしたいと思います。

最初の「所謂其《いわゆるそ》の意《い》を誠《まこと》にする」ですが、この「意を誠にする」ことがとても大切なのだとずっと話してきました。その意味では、「意を誠にする」とはどういうことなのかを是非知っていただく必要があります。

それは「自《みずか》ら欺《あざむ》く毋《な》きなり」とあります。つまり、「意を誠にする」最大のポイントは「嘘をつかない」ことなのです。誠にしないことは嘘をつくことなので、まず嘘を排除しなければいけない。心に思ってもいないのに、「思っています」と言うのは、自らも欺いていることになります。誠実さというのは自分に対しての心の有り様を言うのです。

私は小学生に『大学』を講義するとき、必ず「嘘を一番聞いているのは誰ですか」と質問をします。その答えは「自分」です。自分が一番、「自分が嘘をついている」ことをわかっています。すると恐ろしいことに、十年、二十年、三十年と嘘をつき通しているうちに、もう一人の自分が「お前みたいな嘘つきはいない」と言い出すのです。そうすると自己不信になります。

つまり、歳をとればとるほど人間は二派に分かれていくのです。一派は自信満々の人、もう一派は自己不信の人です。自己不信の人はだんだん自信がなくなってしまいます。私の生徒にも、残念ながら、年配になればなるほど、なんとなく自信なさげになってしまう人がいます。そういう人は、自ら欺いている部分がないかどうか、嘘をついているところがないかどうかをしっかり見ていただく必要があります。

自分に嘘をついてはいけないと言っているのですが、その原点はどこにあるかというと、「悪臭《あくしゅう》を悪《にく》むが如《ごと》く、好色《こうしょく》を好《この》むが如《ごと》く」ということです。悪臭を嗅いだときに思わず顔を背けてしまう、満開の花を見て「きれいだね」と言って見とれてしまう。このようなときは、自分の真心からそういう気持ちになっています。その心をずっと保持することが重要で、「此《これ》を之《こ》れ自《みずか》ら謙《こころよ》くすと謂《い》ふ」これが原点中の原点だと言っているのです。この心がなければ、すべて成り立たないのです。

自分に嘘をつかない訓練法として、ここに挙げているのが「故《ゆえ》に君子《くんし》は必《かなら》ず其《そ》の独《ひとり》を慎《つつし》むなり」ということです。ここに「慎独《しんどく》」というものが出てきます。「慎独」とは、「自分が独りのときが人格的にはあなたの人格の原点なのだ」ということを教える言葉です。誰かがいれば、その人の目を気にして自分を律することもコントロールすることもできます。しかし、自分独りのときは誰の目も気にする必要はないから、自分の好きなように振る舞えます。だからこそ、そのときの立ち居振る舞いが自分の人格的原点になるというのです。それゆえ、独りでいるときを訓練の好材料として使いなさい、と言っているわけです。

誰かが部屋に入ってきたときに居住まいを正すというのではなくて、独りでいるときでも見るに堪《た》えないようなことはしないというのが「慎独」です。これは非常に重要です。江戸時代には、とくに子どもを立派な人間にするための教育として、「慎独」「立腰《りつよう》」「克己《こっき》」の三つを自己鍛錬法として採用していました。

小人《しょうじん》は間居《かんきょ》しては、不善《ふぜん》を為《な》すこと至《いた》らざる所《ところ》無《な》し。君子《くんし》を見《み》て、而《しか》る后厭然《のちようぜん》として其《そ》の不《ふ》善《ぜん》を揜《おお》ひて其《そ》の善《ぜん》を著《あら》はさんとす。人《ひと》の己《おのれ》を視《み》ることは、其《そ》の肺肝《はいかん》を見《み》るが如《ごと》く然《しか》れば、則《すなわ》ち何《なん》ぞ益《えき》あらん。此《これ》を中《うち》に誠《まこと》なれば、外《そと》に形《あら》はると謂《い》ふ。故《ゆえ》に君子《くんし》は必《かなら》ず其《そ》の独《ひとり》を慎《つつし》むなり。

次に「小人《しょうじん》は間居《かんきょ》しては、不善《ふぜん》を為《な》すこと至《いた》らざる所《ところ》無《な》し」とあります。「小人」つまり君子ではないくだらない人間は、「間居して」独りでいて「不善を為すこと至らざる所無し」よくないことを為す。「君子《くんし》を見《み》て、而《しか》る后厭然《のちようぜん》として」そこへ君子が入って来ると、瞬間的に居住まいを変える。そして、「其《そ》の不善《ふぜん》を揜《おお》ひて其《そ》の善《ぜん》を著《あら》はさんとす」私は善くないことはやっていませんよと態度を改める。

しかし「人《ひと》の己《おのれ》を視《み》ることは、其《そ》の肺肝《はいかん》を見《み》るが如《ごと》く然《しか》れば」人間というものはそんなに馬鹿にしたものでもなく、パッと会った瞬間に、その「肺肝」内臓の中までも見通してしまう人がゴロゴロいる。それゆえ、「則《すなわ》ち何《なん》ぞ益《えき》あらん」そのときだけ取り繕っても意味がない。「此《これ》を中《うち》に誠《まこと》なれば、外《そと》に形《あら》はると謂《い》ふ。故《ゆえ》に君子《くんし》は必《かなら》ず其《そ》の独《ひとり》を慎《つつし》むなり」内面は振る舞いとして外に現れるから、立派な人は独りでいるときも自らを慎むのである、と。ここで再度、「慎独」という言葉を出しています。

ちなみに私自身の体験をお話しすると、私は至らないダメな人間でした。しかし、三十代後半に大失敗を経験して、遅ればせながら自分鍛錬のために慎独をしっかりやろうと自分に命じました。すると、場所や相手に応じていちいち自分の振る舞いを切り替えなくてもいいわけですから、とても心が軽くなりました。多くの方から、「最近、心境の変化でもあったの?」「なんか、それなりになってきたね」と言われたものです。これは慎独のお陰だなと思っています。だから、今でも私の受講生には、慎独をしっかりと身につけるように話しています。その結果、目を見張るほど立派になっていく人を非常にたくさん見てきています。

このように、慎独は非常に重要なことなのです。それを若い人に理解させるために、私は「慎独と全人格的人間力」（左図）という資料を作って解説しています。それを簡単にご説明します。

A君は慎独も何にもしておらず、人が入ってきたら居住まいを正さないとならないような状

慎独と全人格的人間力

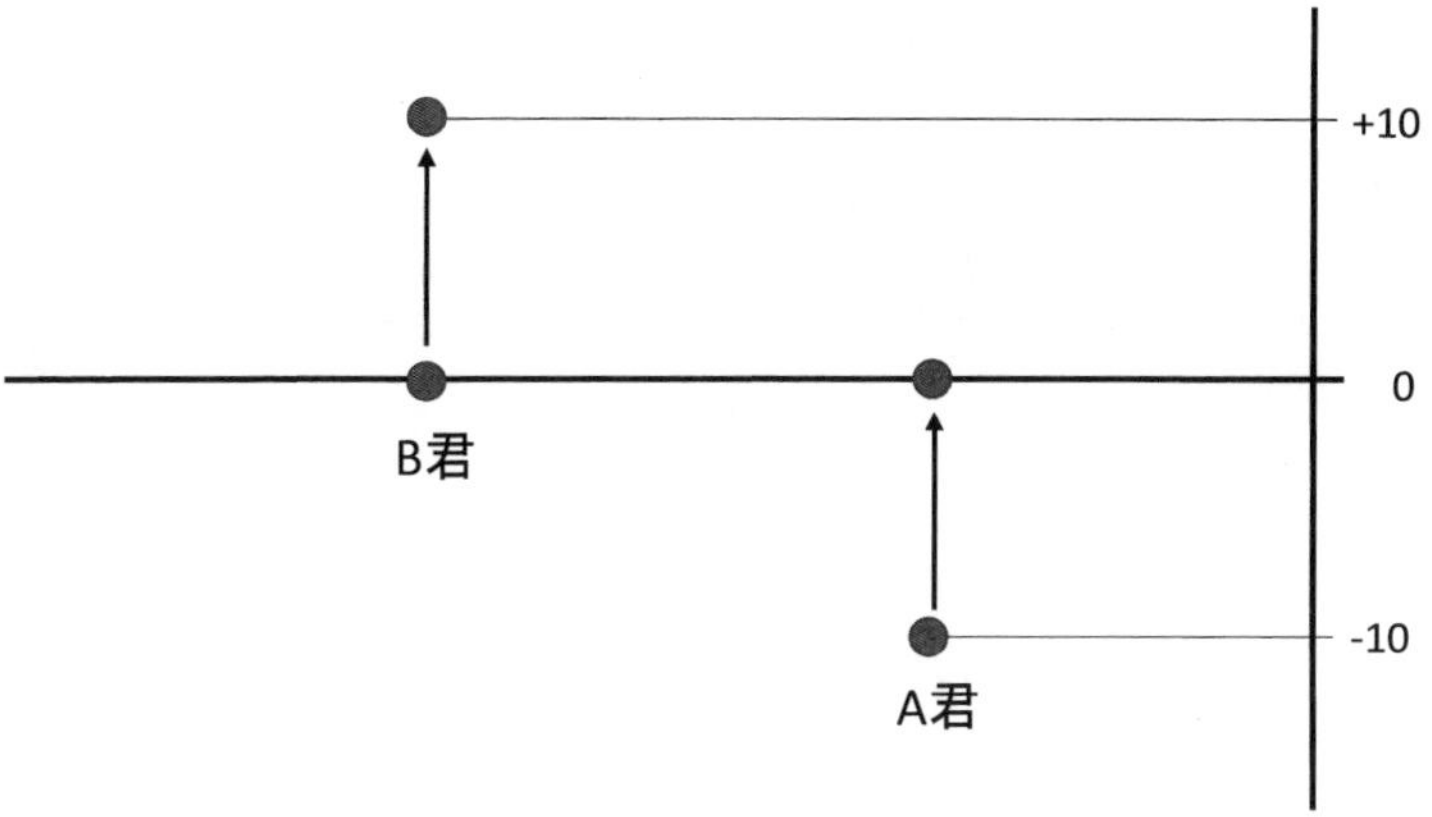

いま、「即席の対処」で10点上ったとしたら
基礎的人間力が如何に大切か

態で、人格的な点数はマイナス10点でした。A君は新商品のプレゼンテーションをすることになって資料を準備万端整えました。プレゼン当日、社長や役員の前で新商品のプレゼンをしました。自分では最高にうまくできたと思いましたが、社長や役員からはあまり評価してもらえませんでした。確かにA君はプレゼンで10点稼げたかもしれませんが、元の評価がマイナス10点ですから、プラスマイナスゼロで終わってしまったわけです。

B君は人格的に完璧な人間ではありませんが、独りのときにも自分を慎んでいて、人が入ってきても態度を変える必要もありませんでした。人格的な点数はプラスマイナスゼロぐらいでしょう。だから、プレゼンで頑張って10点取るとプラス10点になって、みんなから「今日のプレゼンはなかなかよかったよ」と評価されました。

慎独を心がけている人は、日常茶飯に全人格的人間力が発揮されるわけですから、信頼を勝ち得ないはずはないのです。それほどに慎独は人間の人生にとって重要なことです。『大学』では「意を誠にする」ことを説く中で、第一に慎独という実践的に有用なものを取り上げています。それだけでも、非常に実践的な書物だなと感心するばかりです。

●慎独・立腰・克己——江戸時代の三大自己鍛錬法

江戸時代は、武家に限らず、渋沢栄一のように農村の人も、幼い頃から慎独、要するに独りのときを修行の場として、しっかりとした自分をつくり上げる努力をしていました。

先に江戸時代には三つの自己鍛錬法があったとお話ししましたが、このうち、「慎独」以外の二つについて簡単に触れておきましょう。

二番目の「立腰」は、腰を立てるということです。今、小・中・高校などへ行って一番感じるのは、子どもの姿勢が悪いことです。姿勢が悪いと胆力が身につきません。胆力がない人間は、一旦緩急あったときに慌てふためいて使いものになりませんから、リーダーにはなれません。それゆえ、胆力を鍛えることが重要なのです。

胆力つまり気は、臍下《せいか》三寸にある気海丹田《きかいたんでん》から出てきます。要するに下っ腹、すなわち腸のあるあたりです。日本人の腸は西洋人に比べて長いのですが、身体が小さいからぎゅうぎゅう詰めになっています。腸は人間が生きている間中、蠕動《ぜんどう》運動といって細かく動いています。この蠕動運動が滞ってくると、腸閉塞のような命に関わる病気になってしまいます。日本人のように狭いところに長いものが入っていると、腸の蠕動運動がやりやすいように下っ腹を広くとらなくてはいけません。そのためには腰を立てなければならないのです。ですから、江戸時代の日本人は腰を立てて、胆力の源泉である丹田をしっかりさせる訓練をしていたのです。

それから、漢方では人間の身体を気血によって見ました。気と血液の循環が正常かどうかを見たわけです。胆力というのは気です。気は気海丹田から生まれます。一方、血液は髄で生まれます。よく心臓から生まれると言う人がいますが、心臓は血液を循環させるポンプにすぎません。最も大きな血液製造工場は骨髄、背骨の髄にあります。背骨の髄で血液をしっかりつくるためにはどうすればいいでしょうか。それは生産工場に行ってみればよくわかります。工場内の動線がくねくね曲がっているような工場はありません。どこへ行っても、製造がやりやすいように直線的に機械が配置されています。血液をつくるのもそれと同じです。背骨が曲がっておらず、一直線で立っていることが重要なのです。その意味でも、立腰がとても大切なのです。

慎独をしっかりやり、立腰もしっかりできているというのが江戸時代の指導者、リーダーの条件でした。江戸時代にこれほどやかましくやって立派な人間を育ててきた鍛錬法が、明治以降なくなってしまったというのは嘆かわしいと言うしかありません。

江戸時代のもう一つの自己鍛錬法に「克己《こっき》」があります。自分をコントロールすることも、そのために努力することも、すべて克己です。人間はそもそも楽なほうへ、やさしいほうへ行きがちです。そんな自分の気持ちに逆らって、「いや、自分は行かないよ」と言わなければいけません。「逆らう」ということは自分をコントロールすることなのです。

怒りっぽい人なら、カーッとしてすぐに怒るのではなくて、「怒るべきかどうか」と考えて、「いや、怒らない」という力が出てくると、それがブレーキになって自分の感情をコントロールできるようになります。それが「克己」ということです。

プロ野球ソフトバンクの王貞治会長は、監督時代に優勝のポイントを問われたとき、「それは克己です」と答えました。それだけではありません。自分がプロ野球の選手になってそれなりの成績を収められたのも克己だと言われました。また、もう辞めようかなと思ったときに、「いや、やらなきゃダメだ」と自分の気持ちに逆らって奮い立ったそうです。そういう克己が自分を育ててくれたと言っています。まさに克己は自らを育てるのです。

というわけで、三つの自己鍛錬法についてお話しいたしました。何しろ実践なくして修己なしですから、知るだけでなく、是非実践をしていただきたいと思います。とくに若い方はこの三つをしっかりやっていただくといいと思います。

ついでながら、江戸の儒学者佐藤一斎の名著「言志四録」に「慎独の工夫と応対の工夫」という名文があるので、それをご紹介させていただきます。

「慎独《しんどく》の工夫《くふう》は、当《まさ》に身《み》の稠人広坐《ちゅうじんこうざ》の中《うち》に在《あ》るが如《ごと》きと一般《いっぱん》なるべく、応酬《おうしゅう》の工夫《くふう》は、当《まさ》に間居独処《かんきょどくしょ》の時《とき》の如《ごと》きと一般《いっぱん》なるべし」（『言志四録（三）』言志晩録　第一七二条　佐藤一斎著／川上正光全訳注・講談社学術文庫）

慎独の工夫は、まさに「稠人広坐」たくさんの人間が大広間にいる中に自分がいると思って行うことだ、と言っています。反対に、一対一で話をするときの応酬の工夫は、まさに「間居独処」広いオフィスにいても二人きりで話をしているような感覚でしっかり聞いてあげることが重要だと言うのです。これは良い言葉です。こういうものをしっかり読んで学んでいただくといいと思います。

●佐藤一斎の「儒教の本領」に書かれていること

今回は修己治人の「修己」についてお話をしていきますが、それについて「言志四録」に非常に重要な箇所があります。「儒教の本領」という文章です。これも皆さんの人生のお役に立つものであろうと思いますので、あわせてご紹介させていただきます。

孔子《こうし》の学《がく》は、己《おのれ》を修《おさ》めて以《もっ》て敬《けい》することより、百姓《ひゃくせい》を安《やす》んずることに至《いた》るまで、只《た》だ是《こ》れ実《じつ》事実学《じじつがく》なり。「四《し》を以《もっ》て教《おし》う、文行忠信《ぶんこうちゅうしん》」、「雅《つね》に言《い》う所《ところ》は、詩書執礼《ししょしつらい》」にて、必《かなら》ずしも耑《もっぱ》ら誦読《しょうどく》を事《こと》とするのみならざるなり。故《ゆえ》に当時《とうじ》の学者《がくしゃ》は、敏鈍《びんどん》の異《こと》なる有《あ》りと雖《いえど》も、各《おのおの》其《そ》の器《き》を成《な》せり。人《ひと》は皆《みな》学《まな》ぶ可《べ》し。能《のう》と不能《ふのう》と無《な》きなり。後世《こうせい》は則《すなわ》ち此《こ》の学《がく》墜《お》ちて芸《げい》の一途《いっと》に在《あ》り。博物《はくぶつ》にして多識《たしき》、一過《いっか》にして誦《しょう》を成《な》す。芸《げい》なり。詞藻縦横《しそうじゅうおう》に、千言立《せんげんたち》どころに下《くだ》る。尤《もっと》も芸《げい》なり。其《そ》の芸《げい》に墜《お》つるを以《もっ》てや、故《ゆえ》に能《のう》と不能《ふのう》と有《あ》り。而《しこう》して学問《がくもん》始《はじ》めて行儀《ぎょうぎ》と離《はな》る。人《ひと》の言《げん》に曰《いわ》く、「某《ぼう》の人《ひと》は学問余《がくもんあま》り有《あ》りて行儀《ぎょうぎ》足《た》らず、某《ぼう》の人《ひと》は行儀余《ぎょうぎあま》り有《あ》りて学問《がくもん》足《た》らず」と。孰《いず》れか学問余《がくもんあま》り有《あ》りて行儀《ぎょうぎ》足《た》らざる者《もの》有《あ》らんや。謬言《びゅうげん》と謂《い》いつ可《べ》し。（『言志四録（二）』言志後録　第四条　佐藤一斎著／川上正光全訳注・講談社学術文庫）

ここには佐藤一斎の儒教に対する想いが溢れ出ています。儒教とはすべて孔子の学であって、今、私たちが読んでいる『大学』などはその最たるものです。そして孔子の学は、すべてが「己《おのれ》を修《おさ》めて以《もっ》て敬《けい》すること」つまり修己治人を目的としています。したがって、自己を修養することに重きを置いていない文章は一つとしてないと考えていいと思います。

そのように修己を貴んでいるわけですが、そこで終わってしまっては意味がないのです。自己修養とは「百姓《ひゃくせい》を安《やす》んずることに至《いた》るまで、只《た》だ是《こ》れ実事実学《じつじじつがく》なり」とあるように、隣人、周辺の人、多くの民の心配を取り除いてあげるためにする実学だからです。実際の人生とか、実際の企業経営とか、生きていくことに役立たないものは実学ではないと言っているわけです。

先ほど申し上げた自己鍛錬法にしろ、自分の人生に資するものです。それを追い求めているのが孔子です。ですから、ただ読んだだけでは意味がない。実践を前提にお読みいただくことがとても重要です。

その場合、四つの観点から孔子は教えたと佐藤一斎は言っています。四つとは「文行忠《ぶんこうちゅう》信《しん》」です。「文」書物で学び、「行」学んだら実行し、「忠」実行するときに真心を尽くす。ここに誠がとても重要な位置づけとしてあります。そして「信」偽りがないこと。こう言えばこうなるだろうという人為《じんい》的な思惑《おもわく》がない。ひたすら心を込める。それが「信」です。この「文行忠信」が儒教というものなのです。

さらに、「雅《つね》に言《い》う所《ところ》は、詩書執礼《ししょしつらい》」と言っています。「詩書」とは『詩経』と『書経』のことで、要するに、根本となるものです。次の「執」は「執行」すること。やはり実践がそこにあって、四書で学んだことがその人の行儀にすべて反映しているようにならなければ、孔子の学を学んでいるとは言えないというわけです。ですから、「必《かなら》ずしも耑《もっぱ》ら誦読《しょうどく》を事《こと》とするのみならざるなり」で、孔子の学とは『詩経』を読み、『書経』を読む、四書五経を読むということをもってのみ意味をなすものではない、と。重要なのは、学んだことがどのくらい身についたかということだと言っているのです。

「故《ゆえ》に当時《とうじ》の学者《がくしゃ》は、敏鈍《びんどん》の異《こと》なる有《あ》りと雖《いえど》も、各《おのおの》其《そ》の器《き》を成《な》せり」そういう孔子の学が生きていた時代の学者は、敏いとか鈍いという天性上の違いはあっても、その人ならではの器、人間としての技量によって大成したのだ、と。つまり、先ほどの全人格的人間力を人生に役立てて、初めて「私は孔子の学を学びました」と言えるということです。

ですから「人《ひと》は皆学《みなまな》ぶ可《べ》し」人は学ばなければいけない。その学びには必ず「習」が必要なのです。実習する、実際にやってみなければいけない。「能《のう》と不能《ふのう》と無《な》きなり」そこには能力があるとか、能力がないとかいうことは全くない。人を分かつものは、実践したかどうか、習ったか習わないかということしかないのです。学ぶことは誰にでもできます。大事なのは、そのあとに習ったか習わないか。百字百回をしたかどうかということなのです。

しかし、「後世《こうせい》は則《すなわ》ち此《こ》の学《がく》墜《お》ちて芸《げい》の一途《いっと》に在《あ》り」このごろはそれが忘れられて、学者も芸の一つになってきてしまっている。「博物《はくぶつ》にして多識《たしき》」なんでも知らないことはないという博識の人がもてはやされて、「一過《いっか》にして誦《しょう》を成《な》す」さっと暗唱して問われれば答えが出てくるというような芸になってしまった。「詞藻縦横《しそうじゅうおう》に、千言立《せんげんたち》どころに下《くだ》る」詩文の才が物凄くあって立ちどころに名文が口から出てくる。「尤《もっと》も芸《げい》なり」それこそ芸なのだ、と。

では、「其《そ》の芸《げい》に墜《お》つるを以《もっ》てや」芸に堕ちるか学にとどまるかの違いはどこにあるかと言うと、それは学ぶ目的がどこにあるかによって決まるのです。人格向上、自己をつくり上げる、自己を修練する、根本精神をしっかり植え付けるといったところに目標がなく、人に自慢するとか、自分の博識を見せつけてやろうとなったとき、学問は芸になってしまうわけです。「故《ゆえ》に能《のう》と不能《ふのう》と有《あ》り。而《しこう》して学問始《がくもんはじ》めて行儀《ぎょうぎ》と離《はな》る」つまり、その人の行い、暮らしぶり、人生の送り方が学問から離れてしまっている。学問は凄いけれど、暮らし方はあまり変わらないというのならば、それは孔子の学ではないと言っているわけです。

「人《ひと》の言《げん》に曰《いわ》く」ある人はこう言っている。「某《ぼう》の人《ひと》は学問余《がくもんあま》り有《あ》りて行儀足《ぎょうぎた》らず、某《ぼう》の人《ひと》は行儀余《ぎょうぎあま》り有《あ》りて学問足《がくもんた》らず」ある人は余りあるほど学問があるのに立ち居振る舞いや常識が欠けていて人間としてのあり方が信頼できない、またある人は行儀はそこそこだけれど学問が足らない。つまり、そのように学問と行儀を離して評価するようになってしまったというわけです。しかし「孰《いず》れか学問余《がくもんあま》り有《あ》りて行儀足《ぎょうぎた》らざる者有《ものあ》らんや」孔子の学から言えば、そういう評価は成り立たない。学問があるのに行儀が不足している者などない、ということです。

要するに、なんのために学んでいるのかが問題なのです。人格の形成という目的をしっかり見据えて読むのでなければ意味がない。そういうものとして孔子は説いているのだということを忘れてはいけない。学問と行儀が人格から離れているというふうに見るのは、「謬言《びゅうげん》と謂《い》いつ可《べ》し」誤りの言である、と。そういう見方は一刻も早く正さないと学問が地に墜ちてしまうという警告を佐藤一斎はしています。

これは私などにも非常に耳の痛い警告です。ですから、なんとか自己を向上することに励まなければいけないと思い、この「儒教の本領」を定期的に心を尽くして読んでいます。

●一人ひとりが礼を重んじれば社会はおのずとよくなる

今、お話しした内容をさらにやさしく説いた箇所が『論語』にあります。これも是非、知っておいていただきたいと思います。自己修養という観点からとても大切なところです。

顔淵仁《がんえんじん》を問《と》ふ。子曰《しいわ》く、己《おのれ》に克《か》ちて礼《れい》を復《ふ》むを仁《じん》と為《な》す。一日己《いちじつおのれ》に克《か》ちて礼《れい》を復《ふ》めば、天下《てんか》仁《じん》に帰《き》す。仁《じん》を為《な》すは己《おのれ》に由《よ》りて、人《ひと》に由《よ》らんやと。顔淵曰《がんえんいわ》く、其《そ》の目《もく》を請《こ》ひ問《と》ふと。子曰《しいわ》く、非礼視《ひれいみ》ること勿《なか》れ、非礼聴《ひれいき》くこと勿《なか》れ、非礼言《ひれいい》ふこと勿《なか》れ、非礼動《ひれいうご》くこと勿《なか》れと。顔淵曰《がんえんいわ》く、回不敏《かいふびん》なりと雖《いえど》も、請《こ》ふ斯《こ》の語《ご》を事《こと》とせんと。

これは顔淵が孔子に「先生が一番大切にされている仁とはどういうものでしょうか」と問う

た場面です。それに対して孔子は「端的に言えば、己に克って礼に帰ることだ」と答えます。先ほどの自己鍛錬法の一つである克己がここに出てきます。『大学』も『礼記』から出ましたから、当然、礼を尊重しています。

なぜ孔子は礼というものを大切にしたのでしょうか。前回もお話ししましたが、宇宙には非常に行き届いた秩序の規範というべきものがあります。それをこの世に下せば人間同士の諍《いさか》いがなくなるだろうというので確立したのが『礼記』の礼というものです。この礼をもってすれば世を正して安んずることができるというわけです。したがって、ここにある「克己復礼」は孔子の学として忘れてはならないものです。

「一日《いちじつ》己《おのれ》に克《か》ちて礼《れい》を復《ふ》めば」とあるように、一日でいいから克己をしっかりやって礼に帰る。俗に言う礼儀正しい振る舞いをする。さらに言えば、人間としての善良な心に帰る。一人ひとりがそうなった瞬間に、「天下《てんか》仁《じん》に帰《き》す」天下が仁になるというのです。なぜそう言えるかというと、礼に反するのは非礼無礼ですが、これらは人に頼んで直してもらうものではないからです。自分がやることです。それぞれの人が全員、自分で直せばいいのです。そのようにして、みんなが礼を大事にすれば、おのずから仁になると説いているのです。

孔子の学は、難しいことを理屈っぽく説いているものではありません。自分がやろうと決断すれば、今その場からできることしか言っていません。これが最大のポイントです。それゆえ、「仁《じん》を為《な》すは己《おのれ》に由《よ》りて、人《ひと》に由《よ》らんやと」人に頼んでやってもらうのではなくて、今すぐ自分一人だけでもやろうと各人が思えば、その組織は仁になるのです。

それに対して顔淵は「其《そ》の目《もく》を請《こ》ひ問《と》ふ」と言います。この「目」というのは「細目《さいもく》」のことで、ここは「もう少し具体的に言っていただけないでしょうか」という意味になります。ここで孔子がいいことを言っています。「非礼《ひれい》視《み》ること勿《なか》れ、非礼《ひれい》聴《き》くこと勿《なか》れ、非礼《ひれい》言《い》ふこと勿《なか》れ、非礼《ひれい》動《うご》くこと勿《なか》れ」。まず初めの二つ「非礼視ること勿れ、非礼聴くこと勿れ」について説明します。

人間は、いろんな情報を自分の心の中にしまい込んで、要らないものは捨てる、必要なものは育てていきます。その点で「非礼」というものは人間に不必要なものですから、見てもいけないし、聴いてもいけない、と。たとえば、諍いで興奮しきった大人が噛みつかんばかりに喧嘩をしている様子をずっと見て育った子どもは、そういう状況が普通になってしまいます。さらに、そういうときに発する「非礼」の言葉を子どもが聞いていると、その言葉が日常茶飯になってしまいます。これでは「非礼」の教育を受けているようなものです。そうなってはいけないから、「非礼視ること勿れ、非礼聴くこと勿れ」と言っているわけです。

江戸時代は胎教《たいきょう》を非常に重視して「子どもは天下の宝物」と言っていました。たとえば、見ず知らずのお腹の大きなご婦人が近づいてくると、諍《いさか》いで揉《も》めていた人間も争いを一時中止して、ご婦人がその場を通り過ぎるまでニコニコして見送って、もう影響がないとなったらまた喧嘩を始めるというくらい気を使っていました。社会全体に「非礼視ること勿れ、非礼聴くこと勿れ」という精神が行き届いていたのです。胎児も含めた子どもに対して「非礼」をインプットしないということが徹底されていたわけです。

それと同時に、今度は「非礼言ふこと勿れ、非礼動くこと勿れ」と孔子は言いました。無礼なことを言う、無礼なことを行うということはしないというわけです。重要なのは、アウトプットにばかり気をつけてもダメだということです。インプットから気をつけなければいけないのです。子どもを見ると、親御さんがしょっちゅう夫婦喧嘩をしているのではないかと感じることがあります。友達と遊んでいても夫婦喧嘩の口調がバンバン出てくるのです。子どもは学びます。だから恐ろしいのです。

孔子の言葉を聞いた顔淵は言いました。「回不敏《かいふびん》なりと雖《いえど》も、請《こ》ふ斯《こ》の語《ご》を事《こと》とせん」と。「回」は顔淵の本名です。私は「不敏」そう出来のいい人間ではありませんが、「請ふ斯の語を事とせん」自分の座右の言葉として、今、先生がおっしゃった言葉をこれから守っていきたいと思います、と。

こうした「儒教の本領」を知ったうえで『大学』を読むと、また趣《おもむき》が変わります。以上説明してきたところを是非しっかりとご理解いただきたいと思います。

●四徳に即して正しい行いをすれば天の恵みを得られる

では、本文に戻って、第二段第一節の最後の段落を読んでみましょう。

曾子曰《そうしいわ》く、十目《じゅうもく》の視《み》る所《ところ》、十手《じっしゅ》の指《ゆび》さす所《ところ》、其《そ》れ厳《つつし》まんかな。富《とみ》は屋《おく》を潤《うるお》すも、徳《とく》は身《み》を潤《うるお》す。心広《こころひろ》くして体胖《たいゆた》かなり、と。故《ゆえ》に君子《くんし》は必《かなら》ず其《そ》の意《い》を誠《まこと》にす。

ここには良い言葉ばかり出てきています。まず「曾子曰《そうしいわ》く」とあります。朱子の「大学章句」に書かれていますが、『大学』は孔子の遺言ということになっています。その遺言を受けたのが一番弟子の曾子でした。したがって、『大学』は曾子の編纂《へんさん》ということにもなっています。そのように曾子に非常に縁の深い書物ですから、こういう大切なところに曾子が出てくるのです。

「曾子曰《そうしいわ》く、十目《じゅうもく》の視《み》る所《ところ》、十手《じっしゅ》の指《ゆび》さす所《ところ》、其《そ》れ厳《つつし》まんかな」人間は独りで生きているようだけれど、実際には多くの人の視線を浴び、指摘を浴びて生きている。それを忘れてはいけないと曾子が言っている、と。先に「人の己を視ることは、其の肺肝を見るが如く然れば」とありました。要するに、心の底まで見通してしまうような人は数多くいるのです。ですから、心の中から良くしなければいけない。心の中から誠にしなければいけないのです。『大学』を読んだことを契機として、それをしっかり自分に言い聞かせることが重要です。

すると「富《とみ》は屋《おく》を潤《うるお》すも、徳《とく》は身《み》を潤《うるお》す」富があると豪勢な設《しつら》えになっている家をつくることができるけれど、重要なのはそこに住んでいる人がどうなのかということです。したがって、「徳は身を潤す」ということが重要なのです。その徳は仁・義・礼・智の四徳であると孟子は主張しています。その四徳に適って自分の心が存在しているのか、心から出る意が四徳に準じているのか、自分の行うことが正しいかどうかということを見なければいけません。そうすると、「心広《こころひろ》くして体胖《たいゆた》かなり」心身ともに充実してくることになります。

これは致知格物に関連してきますが、人間は天命を受けてこの世に生まれてきます。さらに人間性、つまり明徳を授けられています。天がバックアップしてくれていると思うと、人間は「自分には天がついているんだ」と自信が出ます。それによって「心広くして体胖かなり」ということになるわけです。江戸時代の立派な人間というのは、映画やドラマを見ますと徳川家康にしても渋沢栄一にしても立派な人間として出てきます、しょんぼりとしていない。それは、こういうことを実践しているうちに、天の命ずることが甦り、天のバックアップ、天恵に恵まれてくるからです。

以上のことが、八条目の「君子《くんし》は必《かなら》ず其《そ》の意《い》を誠《まこと》にす」ということです。ここからやってくださいと言っているわけです。ここが第一に重要なところです。

●切磋琢磨とは具体的にどういうことを言うのか

次の第二段第二節では、さらに重要なことを言っています。

詩《し》に云《い》ふ、彼《か》の淇《き》の澳《くま》を瞻《み》れば、菉竹《りょくちく》猗猗《いい》たり。斐《ひ》たる有《あ》る君子《くんし》は、切《せっ》するが如《ごと》く磋《さ》するが如《ごと》く、琢《たく》するが如《ごと》く磨《ま》するが如《ごと》し。瑟《しっ》たり僩《かん》たり、赫《かく》たり喧《けん》たり。斐《ひ》たる有《あ》る君子《くんし》は、終《つい》に諠《わす》る可《べ》からず、と。
切《せっ》するが如《ごと》く磋《さ》するが如《ごと》しとは、学《まな》ぶを道《い》ふなり。琢《たく》するが如《ごと》く磨《ま》するが如《ごと》しとは、自《みずか》ら脩《おさ》むるなり。瑟《しっ》たり僩《かん》たりとは、恂慄《しゅんりつ》するなり。赫《かく》たり喧《けん》たりとは、威儀《いぎ》なり。斐《ひ》たる有《あ》る君子《くんし》は、終《つい》に諠《わす》る可《べ》からずとは、盛徳至善《せいとくしぜん》にして、民《たみ》の忘《わす》る能《あた》はざるを道《い》ふなり。

「詩《し》に云《い》ふ」は『詩経』が言うには、ということです。これは『詩経』の「衛風《えいふう》」にある「淇《き》奥《いく》」という詩が出典になっています。「淇奥」とは日本語では「隅っこ、奥」という意味です。

これは祖霊を降下させる降霊の歌ですが、そこに「匪たる君子は　切したるが如く磋したるが

如く　琢したるが如く磨したるが如し　瑟にして僴　赫にして喧《けん》　匪たる君子　終に諼《わす》る可からず」とあります。

そこで「詩《し》に云《い》ふ、彼《か》の淇《き》の澳《くま》を瞻《み》れば」ですが、この「淇」は淇水《きすい》という有名な川です。実に風光明媚《ふうこうめいび》なところで、そこを見れば、「菉竹猗猗《りょくちくいい》たり」。「菉」は緑、それから竹《たけ》と読んでも構わないのですが、さらに細かく読んでいくと、これは和名でカリヤスという草および色鮮やかな緑の草を表しています。「いかにも生き生きとしている」ということをたとえているのです。そのような場所でなければ祖霊を降ろすことはできないわけです。「猗猗たり」は「美しく盛んなる様」です。

次の「斐《ひ》たる有《あ》る君子《くんし》は」の「斐」は「麗しい、美しい光彩」という意味で、これは君子につく形容詞です。この「君子」は君子と小人という場合の君子と考えればいいのですが、そもそも『詩経』にある詩は降霊《こうれい》の目的で巫女《みこ》さんたちが歌った歌ですから、その本旨は「祖霊」ということになります。その祖霊が「切《せっ》するが如《ごと》く磋《さ》するが如《ごと》く、琢《たく》するが如《ごと》く磨《ま》するが如《ごと》し」と言っているわけです。これは「切磋琢磨《せっさたくま》」という言葉の出典になった箇所です。君子になるための一つの方法は切磋琢磨することということなのですが、一文字ずつ細かく説明をしていきましょう。

まず「切」ですが、これはきれいな獣骨《じゅうこつ》に小刀や小さい鋸で細工を施《ほどこ》すことです。「磋」は、象牙をヤスリやカンナで摺り磨いていくこと。「琢」は中国名産の玉を土のみで打ち叩いて一つの形にしていくことです。それから「磨」は、美しい石を宝石にするために砂や小石で磨くことです。結局、切磋琢磨の切・琢は整形してきれいな細工を施すことで、磋・磨は磨くことを言います。

これは何を意味しているのかというと、もともと美しいものであっても彫り込み、磨いてあげないと、それ以上の美しさは発揮できないと言っているのです。人間はそもそも美しいものです。生まれたての赤ん坊をご覧になれば、本当に美しいし素晴らしい。そういうふうにできているのです。ところが、そのまま置いていてはダメなのです。より美しくなるように育てていかなければなりません。

では、美しく育てるためには何が重要なのか。その一つが切磋琢磨なのですが、もう一つが「瑟《しつ》たり僩《かん》たり、赫《かく》たり喧《けん》たり」です。「瑟たり僩たり」というのは、「威厳がある」という意味です。しっかりとした堂々たる人間に育てていかなければ、多くの人の上に立つことはできません。「瑟」は「堂々と」、「僩」は「輝きがある」ということで、パッと見て華があるというのは素晴らしいリーダーの条件です。それから、「赫たり喧たり」の「赫」は「晴れやかな輝き」、「喧」は「照りわたる」という意味ですから、オーラがあるということを言っています。これもリーダーの大事な条件です。しかし、オーラというものはすぐに出るものではありません。やはり鍛えなければいけない。したがって、「斐《ひ》たる有《あ》る君子《くんし》は、終《つい》に諠《わす》る可《べ》からず」と言っています。要するに、『詩経』にあることも忘れないでよく読んでくれと言っているのです。

さて、それでは「切磋琢磨」人間を磨くとは具体的に何を言っているのでしょうか。それが次に書かれています。「切《せっ》するが如《ごと》く磋《さ》するが如《ごと》しとは、学《まな》ぶを道《い》ふなり」。つまり、学ぶことなくして人間を磨くことはないのです。第一に学ぶということをしっかりさせる。それが何よりも重要です。要するに、「学びて時に之を習う」ことだと言っているわけです。

では学ぶだけでいいのかというと、それでは五十点です。あとの五十点は何でしょうか。それは「琢《たく》するが如《ごと》く磨《ま》するが如《ごと》しとは、自《みずか》ら脩《おさ》むるなり」ということです。ここに修身の大切さが出てきます。学んでも、身を修めなければダメなのです。人間が習得するためには何遍も繰り返す、反復運動でやるしかありません。野球の選手が素振り千回とかノック千本とか何回も反復練習をするのと同じで、繰り返してやらないと身につかないのです。

すでにお話ししましたが、江戸時代の知識習得の考え方には四つありました。一つ目は「皮膚の理解」です。皮膚は一日か二日で生まれ変わります。だから、何か聞いても一日二日は覚えていますが、すぐに忘れてしまう。皮膚の理解は一番浅い理解を言います。二つ目は「肉の理解」です。細胞は一週間から十日で変わります。ですから一週間や十日は持つけれど、それを過ぎると「はて、なんだったかな?」となってしまいます。三つ目は「骨の理解」です。これは相当持ちますが、本当の意味で消化されていない。血となり肉になるとよく言いますが、このレベルではまだ血となり肉にはならないのです。最後の四つ目の完璧な習得方法は「髄の理解」です。骨の髄まで到達させることが大事なのです。そのためには、百回やることだとされていました。だから、江戸の子どもたちは百字を百回繰り返して読みました。そうすればなんでもすべて身につくのです。

皆さんも、皮膚の理解、肉の理解で終わらないようにしてください。最低でも骨の理解、できれば髄の理解へ行くことを目指していただきたいと思います。皆さん方だけではなく、お子さん、お孫さんたちにも、百字百回を徹底していただきたいと思います。

切磋琢磨とは学んで自習する、自分でマスターすることです。マスターしなければ意味がありません。そのために『論語』も「学びて時に之を習う」、つまり何回も繰り返してやるのだと言っているのです。先に読んだ佐藤一斎の「儒教の本領」も同じことを言っています。

もう一つ、「瑟《しっ》たり僩《かん》たりとは、恂慄《しゅんりつ》するなり」とあります。立派な人間にするには「恂慄する」ことだと。「恂慄」の「恂」は「慎み、逡巡《しゅんじゅん》する」こと。「ちょっと待てよ」と立ち止まって考えることです。「慄」はりっしん偏に栗ですから「栗の心で」ということ。栗にはイガイガがあって簡単に掴めません。したがって、「慄」には「用心深い」という意味があります。ですから、これぞということを習得しようとするときは、慎んで身を正して、今からこれを習得するのだと自分に言い聞かせるのです。それが「恂慄する」という意味です。

次に「赫《かく》たり喧《けん》たりとは、威儀《いぎ》なり」とあります。「威儀」の「威」は威力の威ですから、人間として迫力があるということです。力強く前進する人間力があるということ。「儀」は、「儀ありて乗っ取るべし」と言って、嫌だと言っても威力がパッと出てくるのが「威儀」です。そういうものを身体の心底に入れて初めて、それを信じて疑いもなく発揮しようとして生きていることになるのです。

そして「斐《ひ》たる有《あ》る君子《くんし》は、終《つい》に諠《わす》る可《べ》からずとは、盛徳至善《せいとくしぜん》にして、民《たみ》の忘《わす》るる能《あた》はざるを道《い》ふなり」。つまり、「あの君子は忘れることができない」と言われるリーダーは、徳に溢れた人で、その徳が行いとして出ている人だと言っています。

前回申し上げたように、日本では奈良朝まで徳を「いきおい」と読んでいました。これはまさに今読んできた「切磋琢磨」、そして「瑟たり僩たり赫たり喧たり」のことを言っています。要するに、正徳・至善を求めて高みに行き、そこで終わらずにさらに善を求めてさらなる高みを目指すというのが人間として重要なのだということです。「盛徳至善」こそがリーダーとなる人間の目指すべき場所なのだということを教えてくれているのです。

●死んだ後も人々の話題になるような生き方をする

詩《し》に云《い》ふ、於戯《ああ》、前王忘《ぜんおうわす》られず、と。君子《くんし》は其《そ》の賢《けん》を賢《けん》として其《そ》の親《しん》に親《した》しみ、小人《しょうじん》は其《そ》の楽《たの》しみを楽《たの》しみて其《そ》の利《り》を利《り》とす。此《ここ》を以《もっ》て世《よ》を没《ぼっ》するも忘《わす》られざるなり。

第二段第二節の最後の段落です。「詩《し》に云《い》う、於戯《ああ》、前王忘《ぜんおうわす》られず」は、『詩経』が言うには前の王様は実に素晴らしい人であった、と。「君子《くんし》は其《そ》の賢《けん》を賢《けん》として」その治世は、賢者は賢者を呼ぶようなものであった。ですから、良い社員が欲しければ社長さんが賢者になることです。賢者は賢者を呼ぶから、良い人が集まってきます。

その前王の治世は賢者がどんどん集まってきたから、「其《そ》の親《しん》に親《した》しみ」すべての国民が「良い国に育ったね、良い国に住んでいるね」と言い合っている。「小人」大したことのない人間でも小人は小人なりに、「其《そ》の楽《たの》しみを楽《たの》しみて其《そ》の利《り》を利《り》とす」仕事を楽しんで正当な利を利としている。つまり、君子も小人も「良い世の中だね」と言って、それなりに楽しんで生活をしていた、ということです。

そういう君子は、「此《ここ》を以《もっ》て世《よ》を没《ぼっ》するも忘《わす》られざるなり」命はここで終わったとしても、その存在は終わらない。君子が世を去った後でも、あたかも目の前にまだ生きているかのように人々の口に上る。会ったことが全くない人たちが、あたかも会ったことのあるように親しんで話をするようになるわけです。死んだ後も生きているということですから、これが一番の長寿というものでしょう。

そんな人間になって、小さい範囲でもいいから正徳に生きてみようと考えていく。これが孔子の修己治人の最高のあり方です。

●人間は「今、ここ、自分」でしか生きられない

ここで第二段の第二節の解説は終わりますが、最後に、先ほど出てきた『詩経』の衛風というところにある「淇奥」という詩を読んでみましょう。

彼《か》の淇奥《きいく》を瞻《み》るに
緑《りょく》・竹《ちく》猗猗《いい》たり
匪《ひ》たる君子《くんし》は
切《せっ》したるが如《ごと》く磋《さ》したるが如《ごと》く

琢《たく》したるが如《ごと》く磨《ま》したるが如《ごと》し
瑟《しっ》にして僩《かん》
赫《かく》にして咺《けん》
匪《ひ》たる君子《くんし》
終《つい》に諼《わす》る可《べ》からず

これは、降霊の儀式を進めていくときにみんなで歌った歌です。この歌詞の中から、孔子の時代になって「切磋琢磨」という言葉と「瑟にして僩、赫にして咺」という言葉を抜き出して、自己の養生の方法論として使ったのです。

具体的にどうやって実践したらいいのかということが『論語』に示されています。そこを読んで終わりたいと思います。

子貢曰《しこういわ》く、貧《まず》しくして諂《へつら》ふこと無《な》く、富《と》みて驕《おご》ること無《な》きは何如《いかん》と。子曰《しいわ》く、可《か》なり。未《いま》だ貧《まず》しくして楽《たのし》み、富《と》みて礼《れい》を好《この》む者《もの》には若《し》かざるなりと。子貢曰《しこういわ》く、詩《し》に云《い》ふ、切《せっ》するが如《ごと》く、磋《さ》するが如《ごと》く、琢《たく》するが如《ごと》く、磨《ま》するが如《ごと》しとは、其《そ》れ斯《これ》を之《こ》れ謂《い》ふかと。子曰《しいわ》く、賜《し》や始《はじ》めて与《とも》に詩《し》を言《い》ふ可《べ》きのみ。諸《これ》に往《おう》を告《つ》げて来《らい》を知《し》る者《もの》なりと。

子貢という孔子の弟子が、「先生、貧しいさ中にいても妙に人にへつらって物を欲しがるわけでもないし、富豪になっているにもかかわらず傲慢《ごうまん》さがない人物というのは、いかがでしょうか?」と尋ねます。子貢は暗に孔子が「いいね。そういう人が人間の鑑《かがみ》だよ」というように言ってくれるのではないかと期待して、そう聞いたわけです。

ところが孔子は、「まあ、いいんじゃないか」とそっけなく返答しました。続けて「こういう人が理想なんだよ。こういう人を目指すべきだよ」と具体的な人物像を挙げました。それは、「未《いま》だ貧《まず》しくして楽《たのし》み、富《と》みて礼《れい》を好《この》む者《もの》には若《し》かざるなり」。そういう人間には及ばないと言っているのです。

この「貧《まず》しくして諂《へつら》ふこと無《な》く」と「未だ貧しくして楽み」とはどこが違うのでしょうか。「富《と》みて驕《おご》ること無《な》き」と「富みて礼を好む者」はどこが違うのでしょうか。こういうふうに何が違うのかと考えながら『論語』を読んでいくと、とてもよく身につきます。

要するに、子貢の言った「貧しくして諂ふこと無く、富みて驕ること無き」という人たちは、貧しさや富にまだこだわっているのです。ところが、孔子が言う「未だ貧しくして楽み、富みて礼を好む」人たちは、貧しかろうが富んでいようが関係ないのです。つまり、「どういう境遇でどんなふうに暮らそうと、楽しみ、礼を好んで生きることが重要なのだ」と孔子は言っているわけです。貧富なんていうものはとうの昔に忘れている、という人が重要なのだということです。

そこで子貢は「それでは先生、そういう心境になるのはどうしたらいいのでしょうか」と言って、「詩経にある『切したるが如く、磋したるが如く、琢したるが如く磨したるが如し』という言葉は、そういう心境になる要点を述べていると思っていいのですか？」と尋ねました。すると孔子は、子貢からすれば望外の言葉を返すのです。それが「賜《し》や始《はじ》めて与《とも》に詩《し》を言《い》ふ可《べ》きのみ」です。「お前と初めて、共に詩経の神髄というものを語り合ったね」という意味になります。弟子からすれば、これはすごく重い言葉です。子貢は飛び上がりたいほど嬉しくなったことでしょう。

さらに、孔子は「諸《これ》に往《おう》を告《つ》げて来《らい》を知《し》る者《もの》なり」と言いました。五経というのは遠い遠い昔の話が書かれた古典です。それとともに自分の経験という近い昔があります。これらをここでは「往」と言っています。こうした古典や自分の経験から学んで活かしていくことが大事なのですが、活かすというのは過ぎ去った昔を見るのではなくて、これから進んで行く将来を見ることです。これが「来」です。経験から学んだことをこれから生きていく糧にする。要するに、昔の古典と自分の経験を消化して、そこから学ぶべきものを考え、それを切磋琢磨して身につけて、明日に向かって今を生きていく。それが「諸に往を告げて来を知る」ということなのです。

人間には掴めないものがあります。禅では「明日も掴めなければ、あそこも掴めない。他人にやってもらったら何も自分は掴めない」と言っています。では、自分が掴めるものは何があるかというと、「即《そっ》今《こん》当《とう》処《しょ》自《じ》己《こ》」であると。つまり、「今しか生きられない、ここでしかやれない、自分しかいない」のです。明日は先のことですが、明日になれば今です。あそこは離れた場所ですが、あそこに行けばここになります。だから人間は、「今、ここ、自分」でしか生きられないのです。それを「即今当処自己」と言います。

それがわかっている人間は「明日やります」とか「あそこに行ったらやります」というようなことは絶対に言いません。いつどんなときでも「はい、やります」と言って、「今、ここ、自分」でやります。「即今当処自己」です。それを孔子は「往を告げて来を知る者なり」と言っているのです。過去と将来は両方とも掴めない。今しか掴めないんだということを孔子はズバリと指摘して、「今を大切に生きるんだぞ」と教えているのです。

こういうものを読んでいると際限のない学びになります。「ああ、そうか」の連続で、まさに民を新しくする、新しい心になってまいります。皆さんも是非、今日の講義を活かして「今、ここ、自分」でしっかり生きていっていただきたいと切にお願いいたします。

第三講　維新の精神

●コロナ禍を学問の仕直し、人生観の立て直し期間に

コロナ禍が延々と続き、出口が見えないような状態です。しかし、いつも鬱陶しく思っていてもしょうがないので、私は去年の半ばぐらいからは、これはひょっとして天がもう一回学び直せというシグナルを送っているのではないかと思い、若いときに読んだ古典を学び直しています。すると、長年の疑問や憂いが解けることが多々あります。いろいろなことに改めて気づくと、無意識のうちに「ああ、そうだったのか！」と声に出してしまい、周りの人間から「また、言っている」と指摘されます。そういうときが、人間にとって一番の幸福感を満喫《まんきつ》できるときです。学びというのは凄いものだなと、つくづく思っています。

自粛、自粛と言われると抑えつけられて不便を強いられているように感じますが、消極的にマイナス方向に考えないで、「学びのチャンスだ！」と考えて、日頃、多忙にかまけてしっかり読んでいない堅めの書物を引っ張り出して読んでみてはいかがでしょうか。そういうことが非常に重要なのだと思っています。

私は致知出版社から横井小楠と佐久間象山という二人の偉人に関する本を出版しました。二人とも不幸にして志半ばで斬られて亡くなってしまうのですが、日本という国に対する貢献度から言えば、非常に大きなものを残しました。何事であれ物事は計画・構想がなければうまく

いきません。日本人は構想係をもっと大切にしなければいけません。今は転換期だと言われているわりには国家構想がなかなか出てきません。デジタル社会になると言っていますが、その構想、見取り図のようなものが出てこないまま、細かな実験が繰り返されることで終わっていきます。もっと大きなグランドデザイン的な構想があっていいと思いますし、それを国民の前に提示してもらいたいと思うのです。

明治維新においては、伊藤博文と大久保利通が実行係として実行しましたが、佐久間象山と横井小楠が構想係として構想を練っていたからこそ実行できたのです。佐久間と横井は二人とも、蟄居《ちっきょ》にあったり禁足《きんそく》にあったりして、一生の中で閉じ込められている期間が長かった人たちです。ところが、この人たちの人生を見ると、この閉じ込められている時間が彼らをつくったと言ってもいいのです。

まだ無名の頃、横井小楠は噂に聞いていた碩学たちに会いに江戸に行きました。すると、自分の考えが存外に通じるので、自分も全国区の人間なのではないかとちょっと鼻が高くなりました。彼は藤田東湖《とうこ》に会いに行って肝胆相照《かんたんあいて》らす仲になりました。藤田東湖という人は青年の気持ちを奮い立たせる名人で、東湖に感化された人は非常に多いのですが、横井もその一人だったのです。ところが、忘年会で東湖邸に行った横井は、したたかに飲んで、その帰り道で諍いを起こしてしまいます。それを咎められて、「すぐに藩へ帰れ」と命じられて禁足七十日が言い渡されてしまうのです。

そのときの状況を明治の文豪・徳富蘆花が文章に書いています。これがなかなかの名文なので、ちょっと読んでみたいと思います。

「江戸から不名誉の帰国をした横井平四郎小楠は、兄の家の六畳の一室に謹慎しました。頗る の貧乏で、その六畳の畳は破れ、壁はぼろぼろに崩れ、雨戸が無いので藁蓆《わらむしろ》を軒からつり下げて雨風を防ぎ、縁は青竹を束ねてありました、下男は一人居ましたが、手不足なので部屋住みの平四郎は時には飯炊き水汲みなども手伝ひました。而して其間にはその六畳にぢっと座って学問の仕直し、人生観の建て直しをしました」

横井は江戸へ出て自分の実力を知りました。結構通用するなと思った反面、ここが足らないとかここが甘いということもわかったのだろうと思います。そこで、禁足七十日を利用して、学問の仕直し、人生観の立て直しを図ったのです。この七十日が横井小楠をつくったと言っても過言ではないと私は思っています。禁足七十日というとマイナスに見えますが、その人生を省みれば、その期間があったから横井小楠ができたことは確かです。要するに、学問の仕直し、人生観の立て直しというようなことを人生の一時期に強いられたことが功を奏したわけです。

佐久間象山も、九年間にわたって蟄居させられました。それを象山は達磨大師《だるまたいし》の言葉を引いて面壁《めんぺき》九年と言って笑っていたそうです。その間に、象山はオランダ語の書物からクラウゼヴイッツの戦争論まで読んだという記録が残っています。外に出られない時期をうまく自分の人生にとっての種まきの時期として使ったわけです。それが非常に重要だったということを象山自身が言っています。

そのように捉えれば、今のコロナ禍にしても、やられているばかりではなく、「あの期間があったから自分ができたんだ」と後々言えるように、何事にも向かっていただければと思います。そういう期間に、この『大学』という人間の根本・原点をしっかり教えてくれる書物を皆さんと一緒に読むことになったのも奇しき因縁です。心してしっかり読んでまいりたいと思います。

●三つの事例で読むリーダーが明らかにするべき明徳のあり方

前回に引き続き、今回は第二段第三節から読んでいくことにします。

康誥《こうこう》に曰《いわ》く、克《よ》く徳《とく》を明《あきら》かにす、と。大甲《たいこう》に曰《いわ》く、天《てん》の明命《めいめい》を顧《おも》ひ諟《つまびら》かにす、と。帝典《ていてん》に曰《いわ》く、克《よ》く峻徳《しゅんとく》を明《あきら》かにす、と。皆自《みなみずか》ら明《あきら》かにするなり。

この第二段第三節では『大学』の巻頭の一言「大学の道は、明徳を明かにするに在り。民に親しむに在り。至然に止まるに在り」という三綱領を改めて説明しています。ここでもう一度、三綱領が自分にとってどういう意味を持っているのかを復習していきたいと思います。

まず明徳の説明から始まっています。「康誥《こうこう》に曰《いわ》く」の「康誥」は『書経』にある康誥篇のことで、そこに「克《よ》く徳《とく》を明《あきら》かにす」という文章があると言っています。この短い文章にはとても大切な読み方があります。しかし、それを理解するには『書経』康誥編へ行かなくてはなりません。こういう引用元の文章へ飛んで楽しむのも古典の読み方の一つです。後ほど康誥篇に行ってどういう文章があるのかを見てみたいと思います。

次に「大甲《たいこう》に曰《いわ》く」とあります。この「大甲」は『書経』の太甲篇のことで、そこに「天《てん》の明命《めいめい》を顧《おも》ひ諟《つまびら》かにす」という文章があると言っているのです。ここも後ほど出典をたどって、この引用を味わってみたいと思います。その前に、まずこの解説をしていきます。

ここで言っている「克く徳を明かにする」とは、政治を行うリーダーに求められるのは、心から徳というものを理解し、認識し、身につけているということです。これが政治の基本であり、非常に重要なことなのです。それを『大学』では「明徳を明かにする」と言っているわけです。

『大学』では、この「明徳を明かにする」という例を三つ挙げて説明していますが、その第一が、『書経』の康誥篇にある「克く徳を明かにす」という言葉です。康誥篇では、周の武王が殷王朝を討ったあと殷の民が逃げて行った衛という国に派遣されることになった弟の康誥に対して、そういう難しい場所の統治には何が大切かということを説いて、「それは徳を明らかにすることだ」と言います。すべての民が「徳をふるっていただいているんだな、有り難いな」と思い、納得しなければ、反発が強まるばかりで統治は難しいということです。何しろ民の側から見れば、自分たちの国を滅ぼした相手国のリーダーが進駐軍のようにやってくるわけですから反発するのが当たり前です。そうした場所を統治するのが簡単ではないのも当然です。ですから、他の国を治めるより、リーダーはよほど心しなければいけません。そのためには国民に対して「自己の徳とは何ぞや」を明らかにし、「その徳をどうふるうか」を明らかにする必要があります。そういうことを言っている康誥篇の中の一文をここに引用しているわけです。

「明徳を明かにする」ことの二つ目の例に挙げているのは、『書経』太甲篇にある「天《てん》の明命《めいめい》を顧《おも》ひ諟《つまびら》かにす」という言葉です。この太甲篇では、古参《こさん》の側近が若い王に対して王としての心構えを説いています。殷と言えば湯王が開いた国家です。その前には夏という国があり、殷は二代目の国家です。殷の湯王が亡くなった後、王の地位は長子相伝で長男が継ぎますが、この長男が早逝《そうせい》し、さらに次男も三男も亡くなって、継ぐ人がいなくなってしまいました。これは国家の危機です。結局、長男の息子を急遽《きゅうきょ》、王に立てるのですが、何しろまだ若いので、湯王の側近中の側近で名宰相として鳴らした伊尹《いいん》という人が後見人《こうけんにん》として見守ることになりました。伊尹は国家存亡の危機をなんとか乗り越えようとして全力投球しますが、若い王はなかなか伊尹の言うことを聞きません。そこで、伊尹は何度も繰り返し、若い王に王としての注意事項や心がけを説いて聞かせるのです。

そこに「天の明命を顧ひ諟かにす」という言葉が出てきます。

何千年と繋がっている儒家のリーダー論では、トップになるというのはただ単に地位に就いたのではなくて、天が「次のトップはあなたがいい、あなたが引き受けてくれ」と見えない声で支援したからこそトップに立ったのだと思わなければいけないと考えます。したがって、天の明命を受けたからこそ自分はトップになるわけなので、天というものをいつも思って世を治めることが重要なのです。これは国王だけの話ではなく、社長、部長、課長といった「長」という字をもらった人は皆、「自分は天から使命を受けたんだ」と思って、天を意識して経営・運営をすることが大切です。

それをここで、「天の明命を顧ひ諟かにす」と言っているのです。「もう休もうかな」と思ってても天の明命を受けているのだからもう少し頑張ろうと思ったり、天は民の幸せのお世話係になってくれと願っているのだから、そういう心を失わないようにしなくてはいけないということです。権力を握れば握るほど、自分中心になって自分の好き勝手に贅沢三昧、やりたい放題をやり出すのが権力者の常ですが、そういう気持ちになったときに、「いや、それではいけない。天が自分に明命したのだから、天に向かって恥じない行為をしなければいけない」と自戒する。自分が放逸にならないように自分を諌める。そのためにも、天の存在をいつも自覚している必要があると言っているのです。庶民のレベルでも「お天道様はいつでも見ている」という教えがありますが、自らが放逸にならないための押さえとして、いつも天の存在を忘れないことが重要だというわけです。

「明徳を明らかにする」ことの第三の例として挙げられているのが、「帝典《ていてん》に曰《いわ》く、克《よ》く峻徳《しゅんとく》を明《あきら》かにす」です。「帝典」とは『書経』にある「堯典」を指します。『書経』の「堯典」に「克く峻徳を明かにするなり」とあるのです。「峻徳」とは「高く広大な徳」です。これは一般で言われている徳とは違い、広大無辺で、全国の生きとし生けるものも含めたものに配慮するような徳です。さらに言えば、とかく忘れがちな、置いてきぼりを食らうような声なき声にも手を回していく。そういう徳を「峻徳」と言います。それを誰の上にも明らかになるように示していかなければいけない。自分から「やっていますよ」というのではなくて、受ける側が「徳をふるっていただいているんだ」と思うようなものでなければいけないと言っているのです。

今、三つの例を挙げましたが、文王、伊尹、堯という具体的に歴史に登場した人物を挙げて明徳というものを説いています。ここが素晴らしいところです。古典は文章でしか伝えることができませんが、その精神を汲み取る必要があるときに、このように具体的な人物を挙げて治世を学ぶというのが修己治人の最大の要点です。人間には手本が必要です。現在ご活躍中の方を具体的に掘り下げて、その精神を明らかにすることも有り難いことですが、歴史上の人物を省みて、そういう人たちがどのように徳というものをふるったのかをしっかり学ぶというのも重要なことです。

ここでは三つの事例が挙げられているわけですが、最も大切なことがその次に記してあります。つまり、「皆自《みなみずか》ら明《あきら》かにするなり」と。つまり、「人から言われて」とか「そういう役職だから仕方なく」というのではなくて、自分からそういう人間でありたいと思わなくてはいけないというのです。自分から望んでやれば、辛さとか嫌々とか無理やりといった気持ちがなくなって、傍から「きついだろう」「大変でしょう」と言われても、ごく普通にできるようになる。リーダーはそういう領域にまで行かなくてはいけない、と言っているわけです。

吉田松陰でも「士規七則」などで言っているのは、「死して後に已む」ということです。自分の命があるうちはリーダーとして人の手本を務めなければいけない、そういう宿命があるのだということです。私も各社の社長さんに「休みは死んでからですよ」と、いつも言っています。リーダーとはそういう存在なのです。『大学』にここの箇所には、明徳というもののあり方が非常に具体的に説かれていますので、リーダーの地位にある人、リーダーを目指そうという人には大いに参考にしていただきたいと思います。

●リーダーだけでなく人心も新鮮にしなければ繁栄できない

次の段落を見てみましょう。ここには「民に親しむ」ということについて書いてあります。

湯《とう》の盤《ばん》の銘《めい》に曰《いわ》く、苟《つつし》みて日《ひ》に新《あらた》に、日日《ひび》に新《あらた》に、又日《またひ》に新《あらた》なり、と。康誥《こうこう》に曰《いわ》く、新《あらた》なる民《たみ》を作《おさ》む、と。詩《し》に曰《いわ》く、周《しゅう》は旧邦《きゅうほう》なりと雖《いえど》も、其《そ》れ命《めい》ぜられて惟《こ》れ新《あらた》にす、と。是《こ》の故《ゆえ》に君《くん》子《し》は其《そ》の極《きょく》を用《もち》ひざる所《ところ》無《な》し。

「湯《とう》の盤《ばん》の銘《めい》に曰《いわ》く、苟《つつし》みて日《ひ》に新《あらた》に、日日《ひび》に新《あらた》に、又日《またひ》に新《あらた》なり、と」とあります。

先ほどの伊尹が仕えた殷王朝を開いた湯という人の盤に「苟《つつし》みて日《ひ》に新《あらた》に、日日《ひび》に新《あらた》に、又《また》日《ひ》に新《あらた》なり」と書いてあるというわけです。この「盤」には二通りの訳があります。一つは、朝、顔を洗う金盥《かなだらい》、もう一つは盥ですが、どちらにしても朝起きてパッと目に入るものです。

その盤に「苟みて日に新に、日日に新に、又日に新なり」と書いてあるというのですが、これは一体何を意味しているのでしょうか。私はよく皆さんに申し上げるのですが、今は昼ですが、これから夕刻になり、夜になります。夜になると「さあ、寝ようか」と言って寝て、起きると朝が来ます。毎日この区切りがちゃんとついているのはどうしてでしょうか。どう考えても、これには大きな意味がありそうです。その意味するところは何かというと、区切りをつけることによって「昨日の続きの今日ではない」と示すためではないかと思うのです。今日は全く新しい自分になる。全く新しい自分とは、顔を洗ったり、衣服を新しくすることもそうですが、昨日の自分を引きずることなく、心を真新しくして一日が始まるということです。そうでなければ、生きていることにならないのです。

全く新しい自分にとってチャンスに溢れている。自分が愉快になるようなことが待ち受けている。そんな一日がいよいよ来たと思って朝を迎えてくれということです。

しかし、湯王のような偉人でもそれを自分に言い聞かせなければ忘れてしまうので、盥に「日に新に、日日に新に、又日に新なり」と書いたわけです。そして、毎朝、顔を洗うときにそれを読んで、自分の気持ちを新たにしたのです。

朝の過ごし方は大切です。朝、何を自分に言い聞かせるかによって、一日が変わります。私も朝、顔を洗って鏡を見るときに、自分に向かって自分が重視しなければならないことを声に出して言い聞かせています。

次に、また「康誥《こうこう》に曰《いわ》く」とあります。先ほども出てきた『書経』の康誥篇にこう書いてあるというわけです。「新《あらた》なる民《たみ》を作《おさ》む」と。国家のリーダーがまず新たにならないといけないのですが、それだけではなくて、国民一人ひとりが新たな心で、新たな気持ちになって日々を送ってくれないと新しい国家にはならないのです。たとえて言えば、コンピュータのようなハードがいくら新しくなっても、人間の心が新しくならなければ世の中は何も新しくならないということです。

ですから、「新なる民を作む」とは、民の心を新鮮にしなければいけないと言っているのです。このあたりを強調したいというのが朱子の主張です。「民に親しむ」の「親」を「新」という字に変えたほうがいいと言うのは、そういう主張を強めたいと思ったからでしょう。

しかし、新しい心を民に要求するにしろ、リーダーが民に親愛感を抱いていなければ、民がリーダーの要求を受け取ることはありません。ですから、やはり親愛の情というのがまずあって、そこから民も新しい心になっていくという順番だと思います。こういう対応関係にあると考えれば、「親」と「新」は同じことだと言ってもいいわけです。

次に「詩《し》に曰《いわ》く、周《しゅう》は旧邦《きゅうほう》なりと雖《いえど》も、其《そ》れ命《めい》ぜられて惟《こ》れ新《あらた》にす」とあります。周という国は西方にあって、中国初の王朝である夏王朝が興るのと同時ぐらいに興った古い国です。そんなに古い国が、夏王朝、殷王朝の次の王朝になりました。古い国が復活したわけです。どうしてそんなことができたのかと言えば、リーダーがいつも清新な気持ちを持って政治を行い、それにつれて国民も新しい気持ちになるということが繰り返されていたからです。要するに、リーダーと国民が打てば響くような関係になっていたのです。そんな関係の中で最大のポイントは、リーダーが国民を日々新たな心になるようにさせることなのだと言っているのです。

周は古い国ですが、天に命ぜられて天下を治めるということになりました。そのときに、古い国だから古い心しかないというのでは全国を治めることは難しい。しかし、周は清新の気風に溢れた国だったから、「この国家に全国の統治を任せようじゃないか」という天の采配が加わったのです。要するに、天命を受けたわけです。

このあたりは老舗と呼ばれる会社の経営にも通じるところがあります。何代もの古い社歴を誇る会社であろうとも、トップから社員一同に至るまで、全員の心が毎日新しく、「今日はどういうことをやろうか」と意欲満々の気風が流れている会社にすることが、時代を超えて繁栄し続ける根本にあるということです。

●それぞれの止まるべき場所をしっかり理解しなければならない

詩《し》に云《い》ふ、邦畿千里《ほうきせんり》、惟《こ》れ民《たみ》の止《とど》まる所《ところ》、と。詩《し》に云《い》ふ、緡蛮《めんばん》たる黄鳥《こうちょう》は、丘隅《きゅうぐう》に止《とど》まる、と。子曰《しいわ》く、止《とど》まるに於《おい》て、其《そ》の止《とど》まる所《ところ》を知《し》る。人《ひと》を以《もっ》てして鳥《とり》に如《し》かざる可《べ》けんや、と。詩《し》に云《い》ふ、穆穆《ぼくぼく》たる文王《ぶんおう》は、於《ああ》、緝熙《しゅうき》にして止《し》を敬《けい》す、と。人《ひと》の君《きみ》たりては仁《じん》に止《とど》まり、人《ひと》の臣《しん》たりては敬《けい》に止《とど》まり、人《ひと》の子《こ》たりては孝《こう》に止《とど》まり、人《ひと》の父《ちち》たりては慈《じ》に止《とど》まり、国人《こくじん》と交《まじ》はりては信《しん》に止《とど》まる。

この段落では「至善に止まる」の説明をしています。「詩《し》に云《い》ふ」の「詩」は『詩経』のこと。『詩経』に「邦畿千里《ほうきせんり》、惟《こ》れ民《たみ》の止《とど》まる所《ところ》」と言っている、と。「邦畿」の「邦」は「国」で、「畿」は今でも近畿地方と言うように「都に近いところ」という意味です。国の中心がなぜ重要かというと、先ほどの続きで言えば、国の中心が新しい気風に満ちていないのに国全体が治まることはないからです。

やはり「邦畿千里」が国家の象徴として、現在の日本であれば東京ですが、中心がちゃんと治まり、また新しい気風に満ち溢れた人たちが快適に暮らしている場所になっていなければいけないのです。それこそが「民の止まる所」民が住んで満足感が得られる場所である、と。言い換えれば、国家の根本がちゃんと成り立っているかどうかが重要だということです。会社で言えば、本社の中枢《ちゅうすう》が清新《せいしん》の気風に溢れていなければ成り立たないということになります。

それからまた『詩経』が言うところでは、「緡蛮《めんばん》たる黄鳥《こうちょう》は、丘隅《きゅうぐう》に止《とど》まる」と。「緡蠻たる黄鳥」とは「目もあやな黄色い鳥」で平和の象徴です。そういう鳥が丘の一隅に止まっている、と。「子曰く」、ここで孔子が出てきます。「止《とど》まるに於《おい》て、其《そ》の止《とど》まる所《ところ》を知《し》る」鳥だって止まるところをちゃんと知っている。つまり、自分の役割を果たしやすい場所に止まるということを鳥だって知っている。それなのに、「人《ひと》を以《もっ》てして鳥《とり》に如《し》かざる可《べ》けんや」人間が本来そういうことを心得ていなければいけないのに、止まるところを知らない人が多すぎる。それなら人は鳥に及ばないことになる。鳥のほうが優秀じゃないかと孔子が言っているというわけです。

次にまた『詩経』から引いた文章が出てきます。「穆穆《ぼくぼく》たる文王《ぶんおう》は、於《ああ》、緝熙《しゅうき》にして止《し》を敬《けい》す」と。「穆穆」は稲穂《いなほ》が垂れてほころんでいる様子で、豊かさや満ち足りていることを示します。ここでは文王が立派であるということを言っています。その文王は「於、緝熙にして止を敬す」とあります。「緝熙」の「緝」は「継続」を表していて、「熙」は「光輝く」という意味です。ですから、いつもリーダーとして輝いて、みんながやる気になるようなリーダーシップを発揮している。その結果、みんなが「われわれはこういう立派なリーダーをいただいているのだから、頑張ってやろうじゃないか」というところに止まっている。

つまり、一人ひとりに止まるべきところがあって、それをちゃんと承知しているということです。

「人《ひと》の君《きみ》たりては仁《じん》に止《とど》まり」リーダーは仁という場所に止まらなければいけない。そして「人《ひと》の臣《しん》たりては敬《けい》に止《とど》まり、人《ひと》の子《こ》たりては孝《こう》に止《とど》まり、人《ひと》の父《ちち》たりては慈《じ》に止《とど》まり、国人《こくじん》と交《まじ》はりては信《しん》に止《とど》まる」というように、それぞれの人間には自分の止まるべきところがある。リーダーであれば仁、部下であれば敬、子であれば孝、父親であれば慈、人と交わるときは信に止まる。こういう止まるべきところをしっかり承知して生きてくださいよと言っているわけです。

つまり、人間に生まれてきたのであれば、人間として止まらなければならないところがある。孔子の言ったように、他の動物は自分の止まるべき場所に止まっているわけです。では、人間の止まるところとはどこかと言えば、道理道義の通じたところ。人の道に止まることが重要で、それを「至善に止まる」と言っているのです。

最初に三綱領について話したときに、「至善に止まる」という意味は、そこでストップしてしまうのではなく、そこへ行ったら、次のもう一段高い至善を模索していくことが重要だと言いました。そうやって、生きている限りは少しでも高い「善の至り」を目指さなくてはいけないのです。

儒家の思想が引用して説くところによれば、人間には善もあれば悪もあるのです。これは良い悪いではなく、すべては陰陽で成り立っているからです。それを前提として、なるべく「善」の分量を増やしていくというのが人間の進むべき一生のあり方です。人間は「悪」も心得ているから悪に負けずに、悪を小さくして善を大きくしていくことができます。そのようにして生きていくことが大事なのです。その意味では、「ここで満点」ということはありません。何事であれ、さらに人間を磨いていくことを模索するのが重要だと言っているわけです。

以上、三綱領について、より詳しく解説をした部分を読んできました。次は第二段第四節を読んでいくことにしましょう。

●立派な人間は「恥の意識」を持っている

子曰《しいわ》く、訟《しょう》を聴《き》くは、吾猶《われな》ほ人《ひと》のごときなり。必《かなら》ずや訟無《しょうな》からしめんか、と。情無《まことな》き者《もの》をして、其《そ》の辞《ことば》を尽《つく》すを得《え》ざらしめて、大《おお》いに民《たみ》の志《こころざし》を畏《おそ》れしむ。此《これ》を本《もと》を知《し》ると謂《い》ふなり。

「子曰《しいわ》く」孔子はこう言いました。「訟《しょう》を聴《き》くは、吾猶《われな》ほ人《ひと》のごときなり」訴え事を聞く限りにおいては、私は他の人とそう変わりはない。しかし、自分が本当にやらなければいけないのは、「必《かなら》ずや訟無《しょうな》からしめんか」訴え事がない世の中をつくるということなのだ、と。それが自分の責務だと言っているのです。「情無《まことな》き者《もの》をして、其《そ》の辞《ことば》を尽《つく》すを得《え》ざらしめて」そういう社会をつくる要点は、誠がない人間が口から出まかせを言うようなことが人として恥ずかしい行為であることをよく知らしめることだ、と。

さらに「大《おお》いに民《たみ》の志《こころざし》を畏《おそ》れしむ」口から出まかせを言って何とか逃れようとかうまく人を騙そうとかいうことは愚劣の最たるものだという認識を持って、人間であればそういうことは止《や》めておこうじゃないかという恥の意識をしっかり植え付けることが重要だというのです。「民の志を畏れしむ」は、そういうことを畏れるということです。

『論語』の中に、「立派な人間というのは、どういう人間でしょうか」と聞かれた孔子が「己行うに恥あり」と答えるところがあります。「恥」という意識を持つことがとても重要なのだということです。そういう恥の意識を持たせることが重要なのだと、ここでも言っているわけです。

『論語』をしっかり読んでいけば、孔子が訴訟を扱うことを得意とするのではなく、訴訟がない社会をつくることが自分の仕事だと思うべきだと言っている理由が理解できると思います。「君子は本を務む」という言葉が『論語』にありますが、それが重要なのです。「此《これ》を本《もと》を知《し》ると謂《い》ふ」とは「根本はそういうものなのだ」ということを我々に教えてくれているわけです。

●新たに自分のものになった土地を治めるときの心得を説く

さて、ここで最初にお約束したように、『書経』の原本に戻って引用元の意味合いを味わうということをやってみたいと思います。

まず「康誥」ですが、引用元になっているのは『書経』康誥篇の第二節「王が康叔《こうしゅく》に殷民の統治を命じ、明徳・慎罰を総説す」というところです。武王の弟である康叔が、滅んだ殷の民が逃げて行った衛の国の統治を命じられます。そこには自分たちが討った殷の民がいるわけですから、言ってみれば占領軍として行くことになります。当然、統治するのは容易ではない。そういう土地の統治を武王は自分の弟に任せるのです。ただし、任せるにあたって、「これだけは心してくれ」と注意事項を与えます。ここは武王の亡くなった後の話で、同じく兄である周公旦が武王に代って、あるいは、その後の成王に代っていった言葉であるという説もありますが、ここはそういう場面です。

王若曰《おうじゃくいわ》く、「孟侯《もうこう》、朕《ちん》其《の》弟《おとうと》小子《しょうし》封《ほう》。惟《こ》れ乃《なんじ》の丕顕《ひけん》なる考文王《ちちぶんおう》は、克《つと》めて徳《とく》を明《つと》（＝勉）め罰《ばつ》を慎《つつし》み、敢《あ》へて鰥寡《かんか》を侮《あなど》らず、顕民《けんみん》を庸庸《ようよう》し祗祗《しし》し威威《いい》し、用《もっ》て肇《つと》めて我《わ》が区夏《くか》と我《わ》が一二邦《いちにほう》とを造《つく》り、以《もっ》て我《わ》が西土《せいど》を修《おさ》めたり。惟《こ》れ時《こ》れ怙《おお》（＝大）いに上帝《じょうてい》に冒聞《ぼうぶん》して、帝《てい》休《よろこ》び、天《てん》乃《すなわ》ち大《おお》いに文王《ぶんおう》に、戎殷《ゆういん》を殪《たお》し、誕《おお》いに厥《そ》の命《めい》を受《う》くるを命《めい》ぜり。越《つ》いで厥《そ》の邦《くに》厥《そ》の民《たみ》を惟《こ》

れ時叙《じじょ》するには、乃《なんじ》の寡兄《かけい》勖《つと》めたり。肆《ゆえ》に女《なんじ》小子封《しょうしほう》、茲《こ》の東土《とうど》に在《あ》り」

王若曰く、「孟侯《もうこう》、朕其《ちんの》弟《おとうと》小子封《しょうしほう》」。王若は武王のこと、孟侯は新たに衛のトップに立つことになった弟の康叔。武王が康叔、つまり弟である封を衛の統治者として送るにあたって訓戒を述べていきます。「惟《こ》れ乃《なんじ》の丕顕《ひけん》なる考文王《ちちぶんおう》」は「あなたの父である文王」。この文王がどのように統治をしたのかということをこれから語っていくわけです。

その冒頭に「克《つと》めて徳《とく》を明《つと》め」と出てきます。何度もお話ししてきました「徳を明らかにする」ということです。やはりここから始まるのです。占領軍の長として滅ぼされて反発心を持っている国民が逃げて行った衛を治めるときに、その唯一の手掛かりとして徳というものが重要なのだ、徳が武器になるのだと言っているわけです。

さらに「罰《ばつ》を慎《つつし》み」刑罰をふるってはいけない。簡単に刑罰をふるうと、それこそ火に油を注ぐことになって反発心が燃え盛ってしまうからです。続く「敢《あ》へて鰥寡《かんか》を侮《あなど》らず」の「鰥寡」は「身寄りのない人」ですから、一番不遇な人の面倒をしっかり見る、ということです。そして「顕民《けんみん》を庸庸《ようよう》し祗祗《しし》し威威《いい》し、用《もっ》て肇《つと》めて我《わ》が区夏《くか》と我《わ》が一二邦《いちにほう》とを造《つく》り」とあります。「顕」は地位の高い人、「民」は地位の低い人。そういう地位の高い低いに関係なく、「庸庸し祗祗し威威し」労わり、敬い、畏れを抱いて、「用て肇めて我が区夏と我が一二邦とを造り」

もって勤めて、文王は西方に我が周という国をつくった。そして「以《もっ》て我《わ》が西土《せいど》を修《おさ》めたり」西方の地域を治めたのである、と。

次に「惟《こ》れ時《こ》れ怙《おお》（＝大）いに上帝《じょうてい》に冒聞《ぼうぶん》して」とあります。「上帝」とは「天帝」のこと。文王の優れた仕事は天帝にまで大いに聞こえている、というわけです。「帝休《ていよろこ》び」なかなかよくやっているリーダーが西の国にいるようだね、と天帝は喜んで、「天乃《てんすなわ》ち大《おお》いに文王《ぶんおう》に、戎《ゆう》殷《いん》を殪《たお》し、誕《おお》いに厥《そ》の命《めい》を受《う》くるを命《めい》ぜり」。天帝は、西のほうの離れた奥地で国をうまく運営していた文王に、殷の国を懲らしめることを託しました。そして「今、民は殷の最後の王に苦しめられているから、君が行って改めてくれ」という天命を与えたわけです。そういうことで文王は、西の国から中央へと出てきたのだと。

「越《つ》いで厥《そ》の邦《くに》厥《そ》の民《たみ》を惟《こ》れ時叙《じじょ》するには」ついでその殷の民を「時叙する」服従させたのは「乃《なんじ》の寡兄勖《かけいつと》めたり」あなたの兄である武王である。父である文王と兄である武王が苦労して全国を制覇したわけです。「肆《ゆえ》に女《なんじ》小子《しょうし》封《ほう》、茲《こ》の東土《とうど》に在《あ》り」それゆえ、あなたが今度、衛の国のトップになれたのだ、と。そうなるまでには祖先の努力があったのだから、あなたはその努力を常に忘れてはいけないよ、と説いているわけです。

王曰《おういわ》く、「嗚呼《ああ》封《ほう》、汝《なんじ》念《おも》はん哉《かな》。今民《いまたみ》将《まさ》に在《わず》（＝才）かに乃《なんじ》の文考《ぶんこう》に祗《つつし》み遹《したが》はんとするも、衣《い》

の徳言《とくげん》を紹聞《しょうぶん》す。往《おお》いに敷《あまね》く殷《いん》の先哲王《せんてつおう》に求《もと》めて、用《もっ》て民《たみ》を保乂《ほがい》せよ。汝惟《なんじこ》の商《しょう》の耇成人《こうせいじん》を遠《とお》ざけず、心《こころ》を宅《ひら》（＝坼）き訓《おしえ》を知《し》り、別《あまね》く古《いにしえ》の先哲王《せんてつおう》に求《もと》め聞《き》き、用《もっ》て民《たみ》を康保《こうほ》せよ。宏覆《こうふく》于天若《たるてんじゃく》は、乃《なんじ》の身《み》を徳裕《とくゆう》し、王命《おうめい》より廃《はい》せざらん」と。

武王がこう言いました。封よ、よく覚えておきなさい。これからあなたが治めに行く土地の民は、文王の言うことであれば聞くだろうけれど、あなたには困難な治世が待ち受けているだろう。だから、「往《おお》いに敷《あまね》く殷《いん》の先哲王《せんてつおう》に求《もと》めて」殷の先祖の王の統治をよく学んで、「用《もっ》て民《たみ》を保乂《ほがい》せよ」民に平安な暮らしを与えるようにしなさい、と。

次の「汝惟《なんじこ》の商《しょう》の耇成人《こうせいじん》を遠《とお》ざけず」は、殷の人たちの中でもいろんな知見を持っている老人を嫌がらないで、「心《こころ》を宅《ひら》き（＝坼）訓《おしえ》を知《し》り」しっかりと教えを乞うて、「別《あまね》く古《いにしえ》の先哲《せんてつ》王《おう》に求《もと》め聞《き》き」自分たちの先祖や堯・舜などの偉大な王の教えをちゃんと聞いて、「用《もっ》て民《たみ》を康保《こうほ》せよ」民を安らかに保つようにしなさい、と言っています。「宏覆于天若《こうふくたるてんじゃく》は、乃《なんじ》の身《み》を徳《とく》裕《ゆう》し」そうすれば広く覆っている天も「よくやっているな」とあなたの徳を認めて、「王命《おうめい》より廃《はい》せざらん」これはダメだから次の人間に天命を降そうというようなことはしない、と。

王曰《おういわ》く、「嗚呼《ああ》、小子封《しょうしほう》。乃《なんじ》の身《み》を恫瘝《どうかん》して敬《けい》せん哉《かな》。天畏《てんい》は忱《まこと》に棐《あら》ず。民情《みんじょう》を大《おお》いに見《み》る可《べ》

し。小人《しょうじん》は保《たも》ち難《がた》し。往《おお》いに乃《なんじ》の心《こころ》を尽《つく》し、康《むな》しく逸《いつ》を好《この》む無《な》く、乃《すなわ》ち其《そ》れ民《たみ》を乂《おさ》めよ。我《われ》聞《き》く、曰《いわ》く、『怨《うらみ》は大《だい》に在《あ》らず、亦小《またしょう》にも在《あ》らず』と。恵《したが》はざるを恵《したが》へ、懋《つと》めざるを懋《つと》めよ。已《ああ》、汝小子《なんじしょうし》なりと惟《いえど》も、乃《なんじ》の服《ふく》は惟《こ》れ王《おう》を弘《たす》けて、殷民《いんみん》を応保《おうほ》するなり。亦《また》惟《こ》れ王《おう》を助《たす》けて天命《てんめい》を宅《さだ》め、新民《しんみん》を作《さく》するなり」と。

武王が言いました。封よ、あなたの身を「恫瘝《どうかん》」慎みなさい。リーダーになるといい気になりがちだから、慎むように言っているわけです。「天畏《てんい》は忱《まこと》に棐《あら》ず」天を畏怖しなければならないというのは変わりなく続いているんだ、と。少しでも傲慢になったりすると、天はあなたを見限る。天はちゃんとやっている人間の味方なのだ、と言っているわけです。天はどんな状況であろうと加護してくれるわけではない。あなたの行い次第で変わるぞ、と。

だから、「民情《みんじょう》を大《おお》いに見《み》る可《べ》し」民の心を大いに見ていけ。「小人《しょうじん》は保《たも》ち難《がた》し」下の人たちというのは使いにくいものだよ。「往《おお》いに乃《なんじ》の心《こころ》を尽《つく》し」そういう人にこそあなたは心を尽くし、「康《むな》しく逸《いつ》を好《この》む無《な》く」自分が安逸《あんいつ》な享楽《きょうらく》を好むことなく、「乃《すなわ》ち其《そ》れ民《たみ》を乂《おさ》めよ」民を治めることを第一にしなさい、と。

「我聞く」私はこんなことを聞いている。「怨《うらみ》は大《だい》に在《あ》らず、亦小《またしょう》にも在《あ》らず」というのは、負けた恨みは身分の高い者だけにあるのではなく、低い者にもある。つまり、上から下まで、負けた側の人たちの心の中には反発心があるものだから、それをよく認識して事に当たらなければいけない、と言っています。
「恵《したが》はざるを恵《したが》へ」これからあなたはトップに立つのだから、そういう反発心を持った人々も国民として愛情を持って面倒を見てあげて、その末に従わせるようにしなさい。「懋《つと》めざるを懋《つと》めよ」そのためには努力を惜しんではいけない。「已《ああ》、汝《なんじ》小子《しょうし》なりと惟《いえど》も」あなたはまだ若いけれども、「乃《なんじ》の服《ふく》は惟《こ》れ王《おう》を弘《たす》けて」あなたの役割は中央の王を助けて、「殷民《いんみん》を応保《おうほ》するなり」衛という国のトップとして、かつての殷民たちを「応保」安らかにすることだ。「亦《また》惟《こ》れ王《おう》を助《たす》けて天命《てんめい》を宅《さだ》め」中央の王を助けて、天から受けた命をしっかり果たして、「新民《しんみん》を作《さく》するなり」民を新しく成すことである、と。ここでは「親民」ではなく「新民」と読んでいます。要するに、民の心を新しくするということを言っているわけです。

　自分たちが戦いに勝ったから、その地を治めなければいけない。治めに行く人間からすれば、そこにいるのは戦って負けた側の人たちですからとても治めにくい。しかし、それでも治めなければいけないというときの要点として、まず徳が第一になるということを言い、その後で事細かく徳というもののあり方を説いているのです。

　最終的には、負けた殷の人たちの心を新しくして、「さあ、ここでもう一度、充実した暮らしを営もうじゃないか」という新しい心を授けるのがリーダーとしての仕事だよ、と言っているわけです。どんなに敵対した仲であったとしても、リーダーとして新しい民をつくることが重要なのだということです。

こういう引用の根拠となった文章をしっかり読んでから『大学』本文を読むと、言葉の意味合いが非常に重く感じられます。とくに四書の場合は非常に引用が多いので、引用元まで行って、その文章を心得てから読んでみることが非常に重要です。

●後を継ぐ者は創業者の苦労を決して忘れてはいけない

次は、『大学』第三節の「大甲に曰く、天の明命を顧《おも》ひ諟《つまびら》かにす」というところの引用元となっている『書経』太甲篇を見てみたいと思います。

先にも述べたように、殷の湯王が亡くなって長男が後を継ぐのですが、すぐに亡くなってしまいます。そこで次男を立てるとこれも亡くなり、三男も亡くなってしまう。仕方なく長男の息子の大甲という若者を王として立てざるを得ないという状況になりました。太甲篇を見ると「阿衡《あこう》」という人が出てきます。これは湯王の側近中の側近で、名宰相と呼ばれた伊尹のことです。この伊尹が孫くらいの年齢の大甲をあの手この手で一級のリーダーにしていく。その話が書いてあるのが太甲篇です。太甲篇には上・中・下とありますが、『大学』には、その「上」の部分が引用されています。さっそく読んでみましょう。

惟《こ》れ嗣王阿衡《しおうあこう》に恵《したが》はず。伊尹書《いいんしょ》を作《つく》りて、曰《いわ》く、先王諟《せんおうこ》の天《てん》の明命《めいめい》を顧《かえり》み、以《もっ》て上下《しょうか》の神祇《しんぎ》、社稷宗廟《しゃしょくそうびょう》に承《う》けて、祇粛《ししゅく》せざる罔《な》し。天厥《てんそ》の徳《とく》を監《み》て、用《もっ》て大命《たいめい》を集《あつ》め、万方《ばんぽう》を撫綏《ぶすい》せしむ。惟《こ》れ尹《いん》が躬《み》克《よ》く厥《そ》の辟《きみ》を左右《さゆう》して、師《し》を宅《お》らしむ。肆《ゆえ》に嗣王丕《しおうおお》いに基緒《きしょ》を承《う》く。惟《こ》れ尹《いん》が躬《み》西《せい》邑夏《ゆうか》を先見《せんけん》するに、周《しゅう》を自《もち》ひて終有《おわりあ》る、相《しょう》も亦《また》惟《こ》れ終《おわ》る。其《そ》の後嗣王《こうしおう》、克《よ》く終有《おわりあ》る罔《な》き、相《しょう》も亦終《またおわ》る罔《な》し。嗣王戒《しおういまし》めん哉《かな》。爾厥《なんじそ》の辟《きみ》たるを祇《つつし》め。辟辟《きみきみ》ならざれば、厥《そ》の祖《そ》を忝《はずかし》む。

「惟《こ》れ嗣王阿衡《しおうあこう》に恵《したが》はず。伊尹書《いいんしょ》を作《つく》りて、曰《いわ》く」大甲は伊尹の命令に従わない。仕方がないから、伊尹は書を作って次のように言いました。「先王諟《せんおうこ》の天《てん》の明命《めいめい》を顧《かえり》み」の「先王」は湯王のこと。湯王は天から与えられた明らかな命令を深く心に思っていた、と。天からの命令とは何かというと、「君に国を任すからしっかり民のお世話係として、民を幸せにしてくれ」ということです。湯王はそれをしっかり心に思っていたわけです。これが『大学』にある「大甲に曰く、天の明命を顧ひ諟かにす」という箇所の出典となった文章です。

「以《もっ》て上下《しょうか》の神祇《しんぎ》、社稷宗廟《しゃしょくそうびょう》に承《う》けて、祇粛《ししゅく》せざる罔《な》し」は、「上下の神祇」が天地の神、「社稷」が土地の神と穀物の神、「宗廟」がご先祖。それらを受けて、「粛」敬い慎しんで、天の明命というものを考える。「天厥《てんそ》の徳《とく》を監《み》て、用《もっ》て大命《たいめい》を集《あつ》め、万方《ばんぽう》を撫綏《ぶすい》せしむ」天は湯王の徳を鑑みて、「これは間違いない。この人間に国家を治めさせよう」と言って、国家全体を平安にさせた。

「惟《こ》れ尹《いん》」私、伊尹も「躬《み》克《よ》く厥《そ》の辟《きみ》を左右《さゆう》して」湯王を支えて「師《し》を宅《お》らしむ」国民を落ち着かせた。軍隊に師団というものがありますが、この「師」は多人数の人間の集団を表しています。なぜ「先生」を示す「師」を書くかというと、「多くの人間を導く」という意味があるからです。多くの国民が「宅らしむ」家にしっかりいられる。これは国民が平安で自宅にとどまることができているという意味です。湯王はそのように国民を導き、落ち着かせていったのです。

「肆《ゆえ》に嗣王《しおう》」だから後を継ぐあなたも「丕《おお》いに基緒《きしょ》を承《う》く」今までずっと話してきたように、天の明命を受けた湯王の苦労や努力、国家を治めるための創始の事業、つまり「基緒」の精神を自分のこととして受けてください、と。これは非常に重要なことです。

「惟《こ》れ尹《いん》が躬《み》西邑夏《せいゆうか》を先見《せんけん》するに」我々が滅ぼした夏という国もよく考えてみると、「周《しゅう》を自《もち》ひて終有《おわりあ》る、相《しょう》も亦《また》惟《こ》れ終《おわ》る」夏王朝の最初の王の禹《う》は君子が真心を尽くして全力投球したし、「相」補佐役も同様であった。しかし、「其《そ》の後嗣王《こうしおう》」その後継ぎの王に至って「克《よ》く終有《おわりあ》る罔《な》き」終わりがないぐらいに乱れてしまった。「相《しょう》も亦終《またおわ》る罔《な》し」上がそんな状態だから補佐役も乱れてしまった。それが現実に我々の目の前で起こり、我々は夏王朝を討ったのだから、

「嗣王戒《しおういまし》めん哉《かな》」あなたも自らを戒めなければいけない。夏王朝の最後を思い起こしてほしい。ああいうものを手本にしてはいけない、と諭しているのです。

「爾厥《なんじそ》の辟《きみ》たるを祇《つつし》め。辟辟《きみきみ》ならざれば、厥《そ》の祖《そ》を忝《はずかし》む」自分たちのご先祖である湯王を見習わなければ、湯王が泣きますぞ。

　創業者のご苦労を忘れずに、時折それを顧みなければいけないと言っているのです。それを前提として、ここに「新なる民を作《おさ》む」と書いてあるわけです。

●食べるものがない状況で人間のあるべき姿を説いても聞く者はいない

　次に『大学』の「詩に曰く、周は旧邦なりと雖も、其れ命ぜられて惟れ新にす」という箇所の出典である『詩経』の「文王」という詩を見てみましょう。

文王上《ぶんおううえ》に在《あ》り　於天《ああてん》に昭《かがや》く
周《しゅう》は旧邦《きゅうほう》なりと雖《いえど》も　其《そ》れ命《めい》ぜられて維《こ》れ新《あら》たにす
有周不《ゆうしゅうおお》いに顕《あき》らかなり　帝命不《ていめいおお》いに時《ひさ》し
文王陟降《ぶんおうちょくこう》し　帝《てい》の左右《さゆう》に在《あ》り

この「文王《ぶんおう》上《うえ》に在《あ》り　於天《ああてん》に昭《かがや》く　周《しゅう》は旧邦《きゅうほう》なりと雖《いえど》も　其《そ》れ命《めい》ぜられて維《こ》れ新《あら》たにす」というところを引用しています。この詩は、文王が清新な気風を持って天から与えられた自らの役目をしっかり果たしたことが国民に伝わって、国民も「ああ、あの文王のように常に新しい気持ちで毎日取り組まなければいけないんだな」と思うようになったということを言っています。文王の偉大なる業績を謳った詩です。

この「其れ命ぜられて維れ新たにす」という一文は、『孟子』の「滕文公章句《とうぶんこうしょうく》上」に引用されています。長文なのでその意味合いだけを述べておきますが、滕の文公が孟子に「先生、国を治めるということはどういうことなのでしょうか」と問うたのに対して、孟子は「民を治める要点はなんと言っても日常の暮らしに困らないようにしてあげることが重要だ」と答えました。そのことを孟子は「民事《みんじ》は緩《ゆる》うす可《べ》からざるなり」と表現しています。生活生存に関することが政治において最も重要で、そこは緩めずにしっかりと面倒を見なくてはいけないということです。

そのためには、「昼《ひる》は爾《なんじ》于《ゆ》きて茅《かや》かれ。宵《よる》は爾《なんじ》索《なわ》を綯《な》へ。亟《すみやか》に其《そ》れ屋《おく》に乗《の》れ」つまり昼に茅を刈って、夜はそれを綯え、それで屋根を葺《ふ》きなさい、と。これは『詩経』にある詩を引用したものですが、暮らしの第一は自分の家屋を充実させる、頑丈にすることだと言っているわけです。さらに、「其《そ》れ始《はじ》めて百穀《ひゃくこく》を播《は》せん」その次は農業だと。物質的に家をしっかりさせることと、農業で食べるに困らないようにすることが一番重要なのだというのです。

そして次に、「民《たみ》の道《みち》たるや、恒産《こうさん》有《あ》る者《もの》は恒心《こうしん》有《あ》り、恒産《こうさん》無《な》き者《もの》は恒心《こうしん》無《な》し」という有名な言葉が出てきます。「恒産無くして」というのは、日常生活で食べるものに事欠かないということで、安心感があるということを表しています。そうなって初めて、「恒心」自分を立派な人間にしようという気持ちが生まれてくるのだということです。つまり、「食べるものがなくて餓死に至るかもしれないという状況で、立派な人間にならなくてはいけないなどと言っても無理な話だ」と言っているのです。

だから、リーダーたるもの、まず恒産の面倒をしっかり見てやらなくてはいけない。それが立派な人間に向かって民が歩み始める第一の条件になると孟子は説いているわけです。これは非常にリアルな話です。

さらに孟子は税金のあり方について説いています。要約すると、民が嫌になるような、民を滅ぼしていくような税金のとり方はいけないと言っているのですが、税制について非常に具体的に語っています。「夫《そ》れ禄《ろく》を世《よ》にするは、滕固《とうもと》より之《これ》を行《おこな》へり」という一文があるのですが、これは代々継いで国民の権利をしっかり保障していくことが重要だと言っています。そのためには税金をなるたけ公平にすることが大事だと言うのです。豊作のときは税金を多くとられてもいいけれど、不作のときに同じ比率で税金をとられたら国民は困ります。だから、作柄によって税金の高を変えるぐらいの配慮が国家になければいけないと言っているのです。

そのように税制を整えることが終わったら、次に重要なのは教育だと孟子は言います。つまり、「庠序学校《しょうじょがっこう》を設《もう》け為《な》して、以《もっ》て之《これ》を教《おし》ふ」学校を設けて教学・国学をしっかり教えることが重要だ、と。この学校のことを夏王朝は「校」と言い、殷王朝では「序」といい、周王朝では「庠」と言いました。これらの王朝には教学・国学の施設をしっかり設けてあったのです。住むこと食べることに困らず、日常の生活がしっかりできたら、次は教育をしっかりすることが重要だと孟子は言うわけです。

『大学』では「詩に曰く、周は旧邦なりと雖も、其れ命ぜられて惟れ新にす」とありますが、これは文王が自分の周という国が西のほうにあったとき、国民が生活に苦労しないようにし、それにプラスして非常に充実した学校制度をつくって教育を施したために、国民がある一定の知識とか知恵を得て、次から次へ新しいものを生み出したということを具体的に言っています。そのことが『孟子』でも言われていて、『詩経』の「周《しゅう》は旧邦《きゅうほう》なりと雖《いえど》も、其《そ》れ命《めい》ぜられて維《こ》れ新《あら》たにす」という言葉が引用されているわけです。

事のついでに、この「其《そ》れ命《めい》ぜられて維《こ》れ新《あら》たにす」という『孟子』の言葉は、「革命」とは全く違うものだということを言っておきたいと思います。先ほどから述べているように、一日一日に区分があるということは、毎日毎日、まずいところ、悪いところを革新していくとい

『致知』定期購読お申し込み

フリガナ		性別　男・女
お名前		生年月日（西暦） 年　月　日
会社名		役職・部署
ご住所 （送付先）	〒　　ー　　自宅　会社（どちらかに○をしてください）	
TEL	自宅　　　　会社	
携帯		ご紹介者
メール		
職種	1.会社役員　2.会社員　3.公務員　4.教職員 5.学生　6.自由業　7.農林漁業　8.自営業 9.主婦　10.その他（　　）	弊社記入欄 S

最新号より 毎月　冊	ご購読期間	（　）1年 10,500円（12冊） （　）3年 28,500円（36冊） （税・送料込）

※お申込み受付後約1週間で1冊目をお届けし、翌月からのお届けは毎月7日前後となります。

FAX.03-3796-2109

郵便はがき

料金受取人払郵便

渋谷局承認

8264

差出有効期間
令和7年12月
15日まで
（切手不要）

1 5 0 8 7 9 0

5 8 4

東京都渋谷区
神宮前4－24－9

致知出版社

行

お客様からいただきました個人情報は、商品のお届け、お支払いの確認、弊社の各種ご案内に利用させていただくことがございます。詳しくは弊社HPをご覧ください。

1978年創刊。定期購読者数11万人超

あの著名人も『致知』を読んでいます

鈴木敏文 氏

セブン&アイ・ホールディングス名誉顧問

気がつけば『致知』とは創刊当時からの長いお付き合いとなります。何気ない言葉が珠玉の輝きとなり私の魂を揺さぶり、五臓六腑にしみわたる湧き水がごとく私の心を潤し、日常を満たし、そして人生を豊かにしてくれている『致知』に心より敬意を表します。

栗山英樹 氏

侍ジャパントップチーム前監督

私にとって『致知』は人として生きる上で絶対的に必要なものです。私もこれから学び続けますし、一人でも多くの人が学んでくれたらと思います。それが、日本にとっても大切なことだと考えます。

お客様からの声

私もこんなことで悩んでいてはいけない、もっと頑張ろうといつも背中を押してくれる存在が『致知』なのです。

（40代 女性）


『致知』はまさに言葉の力によって人々の人生を豊かにする月刊誌なのではないでしょうか。

（80代 女性）


最期の時を迎えるまで生涯学び続けようという覚悟も定まりました。

（30代 男性）

うことなので、悪いところが残らないのです。そういう暮らし方、政治の仕方がとても重要なのだと言っているのです。

革命という言葉は『易経』の「革卦」から出たものですが、そこを見ると、革命とは長年蓄積された弊害・悪いものがどうしようもない状態になって、下の民が「これはたまらん」というのでどんでん返しをして上を討つという意味があります。これは儒家の思想では認めがたいことです。儒家の思想は、毎日少しずつ革新が行われることによって、常に垢・おりが溜まらないようにしていくことが健全な国家運営だと言っています。ところが、「革卦」はどんでん返しを要求しているわけですから、全く相容れないものなのです。

とくに日本の場合は革命が似合いません。革命が起こると血で血を流す結果になりがちですが、日本の場合は非常に平和裏《り》に新しくするというのが伝統になっているのです。

●いつも根本を相手にしていく立派な人間を「君子」と言う

第二段第四節では『論語』が引用されていました。

子曰《しいわ》く、訟《しょう》を聴《き》くは、吾猶《われな》ほ人《ひと》のごときなり。必《かなら》ずや訟《しょう》無《な》からしめんか、と。情無《まことな》き者《もの》をして、其《そ》の辞《ことば》を尽《つく》すを得《え》ざらしめて、大《おお》いに民《たみ》の志《こころざし》を畏《おそ》れしむ。此《これ》を本《もと》を知《し》ると謂《い》ふなり。

この冒頭の一文が『論語』の引用です。これを「本を知る」と言うわけですが、そもそも『論語』では、最初の「学びて時に之を習う」の次の章句が「有子《ゆうし》曰《いわ》く、其《そ》の人《ひと》と為《な》りや、孝《こう》弟《てい》にして上《かみ》を犯《おか》すことを好《この》む者《もの》は鮮《すくな》し」となっていて、上を敬うことを心得ている親孝行の人で上位にある人間を軽視したり馬鹿にすることを好む者は少ない、と言っています。さらに「上《かみ》を犯《おか》すことを好《この》まずして乱《らん》を作《おこ》すことを好《この》む者《もの》は、未《いま》だ之《こ》れ有《あ》らざるなり」そういう上を馬鹿にしたり軽視することを好まない人間で、組織や社会を乱すことを好む者は今までいたことがない、と言っています。

そして「君子《くんし》は本《もと》を務《つと》む。本《もと》立《た》ちて道《みち》生《しょう》ず。孝弟《こうてい》なる者は、其《そ》れ仁《じん》の本《もと》為《な》るか」と言うのです。つまり、法令その他で社会の平安を守るのも一つのやり方だけれど、「君子は本を務む」のだから、仁の本である孝弟を国民一人ひとりの心の中に養い育てる教育が何よりも重要だと言うのです。それを「本を務む」と言うのだと『論語』は説いているわけです。

そして「本を務む」とどうなるかと言えば、「本立ちて道生ず」と。そこに自然と道理道義が生ずるのです。道理道義とは宇宙の道理・天の道理で、この世の中を覆っている一つのあるべき姿なのです。これは天も、また多くの国民も「こちらのほうがいい」というコンセンサスを取りやすいものです。そういう道理が生ずると言っているのです。

ですから、君子というのは、いつも根本を相手にしていく立派な人間なのですよ、ということを説いているわけです。是非、そこのところをしっかり理解していただきたいと思います。

さて、引用部分の解説は以上で終わりにして、今度は『大学』第三段を読んでいくことにしましょう。

●「修身」の四つのチェックポイント――怒り・恐れ・楽しみ・憂い

所謂《いわゆる》身《み》を脩《おさ》むるは其《そ》の心《こころ》を正《ただ》しくするに在《あ》りとは、身《み》に忿懥《ふんち》する所《ところ》有《あ》れば、則《すなわ》ち其《そ》の正《ただ》しきを得《え》ず、恐懼《きょうく》する所《ところ》有《あ》れば、則《すなわ》ち其《そ》の正《ただ》しきを得《え》ず、好楽《こうらく》する所《ところ》有《あ》れば、則《すなわ》ち其《そ》の正《ただ》しきを得《え》ず、憂患《ゆうかん》する所《ところ》有《あ》れば、則《すなわ》ち其《そ》の正《ただ》しきを得《え》ず。心焉《こころここ》に在《あ》らざれば、視《み》れども見《み》えず、聴《き》けども聞《きこ》えず、食《くら》へども其《そ》の味《あじ》を知《し》らず。此《これ》を身《み》を脩《おさ》むるは其《そ》の心《こころ》を正《ただ》しくするに在《あ》りと謂《い》ふ。

ここでは「正心誠意致知格物、修身斉家治国平天下」という八条目のうち「身を脩むる」つまり「修身」とはどういうことかを解説しています。最初に「所謂《いわゆる》身《み》を脩《おさ》むるは其《そ》の心《こころ》を正《ただ》しくするに在《あ》り」と言っています。心を正しくすることが身を修めるということだというのですが、これはどういう意味でしょうか。そのチェックポイントが次に書き連ねてあります。

まず「忿懥《ふんち》」です。これは「恨み怒る」こと、物凄い怒りです。そういう怒りが心にあるときには正しい判断ができません。つまり、心が正しいかどうかのチェックポイントの一つ目は「忿懥」つまり「怒り」です。怒っているときには、心が正しいとは言えないというのです。

第二のチェックポイントは「恐懼」です。これは「恐れに震える、恐れおののく」ことです。心がそういう状態のときに判断をしようとしても、それは正しいものにはならないのではないか、と問うています。

第三のチェックポイントは「好楽」です。これは「楽しみ」です。愉快な気分で心が躍っているようなときも、心の正しきは得られないのではないかと言うのです。

第四のチェックポイントは「憂患」です。これは「心配事」です。あれはどうなったかな、これはどうなったかなという心配事が心にあれば正しい判断はできないというのです。

以上の怒り・恐れ・楽しみ・憂いといったものが心にあると、なかなか正しい判断ができないのです。したがって、自分がそういう状況のときに判断を求められたら、「ちょっと待ってくれ」と席を立って、たとえば私であれば建物の屋上へ出て大空を見ながら深呼吸を何回もして心を落ち着かせてから自席へ戻り、「さっきの件だけれどね」と返答するようにしています。要するに、一呼吸置いて心を変えることが重要なのです。さらに言えば、こういう感情の起伏に負けない自分をつくることも非常に重要だということです。

私はとても怒りっぽい人間で、これを克服しなければいけないと、毎朝、鏡に向かって「私は怒らない」と言ってから一日を始めるようにしていました。また、寝るときにも「私は怒らない」と言ってから寝るようにしました。それを二、三年も続けると、周りから「あなたは円満な人ですね。あんな無礼なことを言われたらカーッときてもいいのに」と言われて、確かに自分でも変わったんだなと思いました。

また、私は天下無類の小心者で、怖いものばかりでした。それも駆逐《くちく》するように心がけました。それから私は欠点だらけの人間でしたから、嫌なことが非常にたくさんありました。ここで言えば、「憂患」です。それをなんとかしたいと、いろいろなことを試みました。たとえば、道を歩いていて神社があると、必ず中に入ってお賽銭を入れて「この悩みを解決してください」と祈りました。車に乗っていても神社が見えると止まって、駆け込んで祈ったほどです。時には「これだけお賽銭をあげれば神様も願い事を叶えてくれるのではないか」と思って多額のお賽銭を差し上げました。

そういう神頼みが非常に多かったのですが、嫌なことはなくなりませんでした。最後には開き直るしかないと思い、毎朝、鏡を見ながら「嫌なことよ来い。いつでも来い。そんなことに負ける俺ではない」と言うようにしてみたら、そのうちに「そう言えば、最近、悩みがないな」「嫌なことがなくなったな」と気づきました。

こうした体験から、人間は自らの思いによって制御《せいぎょ》できるということを学ばせていただきました。それ以来、歳をとれば歳とるほど愉快で、今はもう嫌な人もいないし、嫌なこともなくなってきました。人間は心の持ちようなのだということがよくわかりました。皆さんも、そういう自己鍛錬あるいは克己をやっていただければと思います。

『大学』では「慎独」を強調していますが、そういうことをしっかりやっていくことがよき人生をつくるのです。一歩一歩、少しずつ立派な人間に向かって歩んでいくというのが人間の人生なのではないかと思います。

では、なぜ怒り、恐れ、楽しみ、憂い・悩みがいけないのかと言えば、「心焉《こころここ》に在《あ》らざれば、視《み》れども見《み》えず、聴《き》けども聞《きこ》えず、食《くら》へども其《そ》の味《あじ》を知《し》らず」だからだと書いています。これは全くその通りです。心に悩み事の一つもあれば、人の話を聞いていても上の空で、全く耳が聞こうとしません。人間というのは、耳で聴いて目で見て情報を取り入れますが、聴いてもいないし見てもいないというのでは人間とは言い難いと言っていいでしょう。そういうところから人間に戻らなければいけないのです。

人間には五感があって、感情があります。それゆえに人間なので、感情のないロボットのような人間を立派な人だとは言いません。ですから、ある意味では、五感を持つ人間でありながら、感情に左右されないように五感を乗り越えていくことが立派な人間になるためには重要なのです。「此《これ》を身《み》を脩《おさ》むるは其《そ》の心《こころ》を正《ただ》しくするに在《あ》りと謂《い》ふ」というのは、五感を乗り越えていくことが出発点であり、ここをしっかりやってくださいと言っているのです。

これも長い人生の一コマとして、とても重要なことを説いてくれています。何度も繰り返しますが、学ぶだけではダメで、実践しなければ学習になりません。是非、実践・実習を積み重ねていただきたいと思います。

●人間は「偏る」ものであると知らなくてはいけない

今回の講義の最後として、『大学』第四段を読んでいきます。

所謂《いわゆる》其《そ》の家《いえ》を斉《ととの》ふるは其《そ》の身《み》を脩《おさ》むるに在《あ》りとは、人《ひと》は其《そ》の親愛《しんあい》する所《ところ》に之《おい》て譬《かたよ》り、其《そ》の賤悪《せんお》する所《ところ》に之《おい》て譬《かたよ》り、其《そ》の畏敬《いけい》する所《ところ》に之《おい》て譬《かたよ》り、其《そ》の哀矜《あいきょう》する所《ところ》に之《おい》て譬《かたよ》り、其《そ》の敖惰《ごうだ》する所《ところ》に之《おい》て譬《かたよ》る。故《ゆえ》に好《この》めども其《そ》の悪《あく》を知《し》り、悪《にく》めども其《そ》の美《び》を知《し》る者《もの》は、天下《てんか》にも鮮《すくな》し。故《ゆえ》に諺《ことわざ》に之《こ》れ有《あ》り、曰《いわ》く、人《ひと》は其《そ》の子《こ》の悪《みにく》きを知《し》る莫《な》く、其《そ》の苗《なえ》の碩《おお》いなるを知《し》る莫《な》し、と。此《これ》は身《み》脩《おさ》まらざれば以《もっ》て其《そ》の家《いえ》を斉《ととの》ふ可《べ》からざるを謂《い》ふ。

この段の終わりに「身《み》脩《おさ》まらざれば以《もっ》て其《そ》の家《いえ》を斉《ととの》ふ可《べ》からざるを」とあります。これは、最初にある「其《そ》の家《いえ》を斉《ととの》ふるは其《そ》の身《み》を脩《おさ》むるに在《あ》り」家を斉えるためには身が修まらなければいけないという一文と呼応しています。では、「身を脩むる」出発点はどこにあるのでしょうか。

最初の文に続いて「人《ひと》は其《そ》の親愛《しんあい》する所《ところ》に之《おい》て譬《かたよ》り」とあります。この「譬」は「偏《かたよ》る」ということです。人間の欠点を挙げれば、それは「偏る」ということです。人間は中庸、中の心を保つことがとても下手で、必ずどちらかに偏ってしまいます。人間自体がそのようにできているのではないかと思うくらいです。それゆえ『大学』は、偏りをなるべくなくして、中庸へ、中へ行くことが重要なのだと教えているのです。

では、人間はどのように偏るのか。その例をここに五つ挙げて説明しています。

第一に「人は其の親愛する所に之て譬」る。家族、別《わ》けても自分の子どもは可愛いものですから偏ってしまって、ある種の依怙贔屓《えこひいき》をしてしまいがちです。子どもを愛するのは素晴らしいには違いないのですが、全く無条件で依怙贔屓をするとなると、これはちょっと問題です。

第二に「其《そ》の賤悪《せんお》する所《ところ》に之《おい》て譬《かたよ》」る。これは自分が嫌いだ、嫌だと思うところにおいて偏るということです。たとえば「あの人は嫌な人だ」と思い込むと、その人の一から十まで全部が嫌だというふうになりがちです。そういうところにも偏りが出てくるものだと言っています。

第三に「畏敬《いけい》する所《ところ》に之《おい》て譬《かたよ》」る。今度は二番目とは逆で「あんなに立派な人はいない」「あんな人格者はいない」と思いすぎてしまうと、その人の一から十まで全部が素晴らしいということになって偏ってしまう。これは老子などがとくに説いているところですが、人間には善良な部分があれば悪の部分があるし、上品な部分があれば下品な部分もあるんだよと。畏敬することと自体は重要ですが、度が過ぎると偏りを生んでしまうことになりかねないと警鐘を鳴らしているわけです。

第四に「其《そ》の哀矜《あいきょう》する所《ところ》に之《おい》て譬《かたよ》」る。これは、気の毒だとか哀れだとか同情したりするところで偏るということ。同情しすぎたり、可哀想だと思いすぎると偏ってしまうというのです。

第五に「其《そ》の敖惰《ごうだ》する所《ところ》に之《おい》て譬《かたよ》」る。この「敖惰」とは「軽視する、馬鹿にする」ということです。誰かを馬鹿にし出すと、すべてを馬鹿にするようになってしまう。そういうところでも偏ってしまうというわけです。

このような偏った心で正しい判断を要求されても、そもそも偏っているのですから正しい判断ができるわけはありません。「故《ゆえ》に好《この》めども其《そ》の悪《あく》を知《し》り」とても良いと思っていることの中に悪があると知っている人は、悪に騙されることはない。逆に言えば、悪というものがどういうアプローチをしてきて、どういう言葉を吐いて、どうやって自分の大切なものを奪うかということを知らないと、テレビでも再三注意しているオレオレ詐欺《さぎ》のようなものの被害者になってしまうわけです。

したがって、悪を知ることも大事なのです。少なくとも、どんなに好きな人にでも悪い部分があると思ってあげる。それはその人のためにもなるということなのです。

さらに言えば、「悪《にく》めども其《そ》の美《び》を知《し》る」嫌な奴だなと思っている人の中にも美しい部分、「感心だね」「こういう良いところもあるんだね」と思うような部分もある。そういうふうに見てあげると、とても調和のとれた陰陽・善悪の両方を心得ている人になれるのです。

しかし、それを心得ている人は「天下《てんか》にも鮮《すくな》し」で、あまりいない。ですから、「偏る」というのは私たちが陥りやすい誤りなのだと自覚しなければいけないと教えているのです。その意味では、「偏らない」ことを自分に命じて、偏らない心を保つ訓練をすることも非常に重要ではないかと思います。

ただし、それはなかなか難しいことです。「故《ゆえ》に諺《ことわざ》に之《こ》れ有《あ》り、曰《いわ》く、人《ひと》は其《そ》の子《こ》の悪《みにく》きを知《し》る莫《な》く」だから諺にもこう言っている。自分の子どもでも、悪いところとか直したほうがよいところを知ることは難しい、と。しかし、難しくともやらなければいけないということなのです。

●比較論が心を危うくする

さらに言えば、比較論がとても心を危うくするということを言っています。それが「其《そ》の苗《なえ》の碩《おお》いなるを知《し》る莫《な》し」です。つまり、自分の苗がどのぐらい育ったかなと見て「大分育ったじゃないか」と思って隣の人の田んぼを見ると、「いや、向こうのほうが育っているじゃないか」と思ってしまう。しかし、そういう比較をしてはいけないと言うのです。自分の苗は苗で一所懸命大きくなっているのだから、少々育ちが悪く見えても大丈夫だと思うべきではないか、と。

要するに、比較なんてしないで、それぞれの人間には独自性・個性があるのだから、他人と比べて自分の足りないところを見る前に、自分の個性を自覚して、それを伸ばし、活かすことをしていく。それがとても重要なのではないかということです。

この比較をするということも、人間が陥りがちな誤りです。それをこうやって、ずばりと指摘してもらえるというのはとても有り難いことです。こういうところを何遍も口に出して読んで、自己向上の機会にしていただくといいのではないかと思います。

そして最後に「此《これ》は身脩《みおさ》まらざれば以《もっ》て其《そ》の家《いえ》を斉《ととの》ふ可《べ》からざるを謂《い》ふ」と。八条目のところでも言いましたが、家が斉っているというのは、その家の構成メンバーであるお父さん、お母さん、息子、娘の身が修まっているということです。身が修まるとは、お父さんは「俺は勝手にやるから、みんなも勝手にやっていいよ」と勝手にする、お母さんも「私は勝手にするから、みんなも勝手にして」と勝手にするというのではダメなのです。そういう身が修まっていない人間が集まっても、家が斉うということはありません。

これは会社も同じです。部門とかセクションがどうこう言う前に、その部門を構成している一人ひとりの社員の心がちゃんと修まっていて、初めて部門が斉うのです。部門が斉って初めて、その集合体である会社が天下泰平になるのです。それを知ることが重要です。ものには順番があります。したがって、我々の社会にしても、一人ひとりの心のあり方で決まっていると言ってもいいでしょう。

こういう人間の根幹にわたる鋭い指摘を受けられるというのはとても有り難いことです。この『大学』の説いているところは、人間の原点をしっかり突いているなと、今回の講義ではつくづく感じさせられました。

第四講　規範を持つ意義

●「修己」とは周囲を感化するような自分をつくること

ここまで三回にわたって講義をしてまいりましたが、改めて『大学』は人間の規範をつくってきた書物であることがよくわかります。短い文章の中に、伝統的な、それこそ大昔の堯・舜の時代からの蓄積がすべて込められている。そういう凄みを感じます。『大学』という書物自体が固まったのは南宋の朱子の時代からですが、そこで使われている文章には、この世に人間が生まれてから、つまり天地開闢《かいびゃく》以来の人間の経験と知恵がすべて出てきていると言ってもいいと思います。今日のようなコロナ禍の時代に、こういう原点に触れるのはとても素晴らしいことだと思います。

さて、前回まで読んできたように、『大学』は、最初に書かれている「三綱領」と、次に書かれている「八条目」をしっかり把握することが大事です。その後に八条目の詳細について解説がなされているのですが、とくに今回は、『大学』を『大学』たらしめている根幹にあたる部分を読んでいきたいと思います。短い文章ながら、非常に蘊蓄《うんちく》のある、味わい深い、そして我々人間にとって忘れてはいけない内容が出てきますので、用心深く読んでいこうと思います。

それでは今日は、第五段第一節から読んでいくことにしましょう。

所謂国《いわゆるくに》を治《おさ》むるには必《かなら》ず先《ま》づ其《そ》の家《いえ》を斉《ととの》ふとは、其《そ》の家《いえ》教《おし》ふ可《べ》からずして、而《しか》も能《よ》く人《ひと》を教《おし》ふる者《もの》は、之《こ》れ無《な》し。故《ゆえ》に君子《くんし》は家《いえ》を出《い》でずして、教《おしえ》を国《くに》に成《な》す。孝《こう》は君《きみ》に事《つか》ふる所以《ゆえん》なり。弟《てい》は長《ちょう》に事《つか》ふる所以《ゆえん》なり。慈《じ》は衆《しゅう》を使《つか》ふ所以《ゆえん》なり。

ここには『大学』の根幹となるものがいろいろ出てきます。最初の「所謂国《いわゆるくに》を治《おさ》むるには必《かなら》ず先《ま》づ其《そ》の家《いえ》を斉《ととの》ふ」は八条目の中の一節です。「国がよく治まっている」ということを自国だけでなく他国からも認められるためにはどうすればいいいか。国というのは家の集合体ですから、一つひとつの家が治まっていなければいけないということになります。ゆえに、「家を斉ふ」ということの意味を国民が知っているかどうかで差が出てくるわけです。

では、「家を斉ふ」とはどういうことなのか。これまで何気なく『大学』は「修己治人」を説いていると言ってきましたが、ここは修己治人とは何かを感じ取るために絶好の箇所だと思います。

「修己治人」つまり己が修まって初めて人を治めることができるというのは、国家ばかりではなく、一般の企業も同じです。トップリーダー、社長、役員、部長、上司、そういう人たちも、自分が修まっていなければ他人を治めることができません。では、なぜそう言うのかということがここには詳細に述べられています。

その基本は家族・家だということです。私は「家庭は社会のトレーニング場」と言っています。西洋では生まれて一年経たないと一歳と言いませんが、東洋ではお母さんのお腹の中に入ったときからカウントしますから、この世に生まれ出たら一歳です。このことからもわかるように、東洋では胎教を非常に重視しました。

そして、お母さんのお腹の中から出てくると、元服を迎えるまでの十五、六年が人間をつくる期間にあてられました。社会に出て活躍できるかどうかというのは、この期間のあり方によると考えられました。ですから、この期間は非常に重要で、そこでいろいろ覚える、更に人間として生まれ持ってきた人間性、理性を自覚することによって社会に出てから役に立つと考えるのが儒家伝統の教育論でした。

このような意味で、家庭をしっかりさせることが、しっかりした国家をつくる基本として考えられていたわけです。

そこで「家を斉ふ」とは何かですが、「其《そ》の家教《いえおし》ふ可《べ》からずして、而《しか》も能《よ》く人《ひと》を教《おし》ふる者《もの》は、之《こ》れ無《な》し」とあります。つまり、ここに世の中のリーダーが一人いるとして、その人間が自分の家の人々を教えることができないのに、社会に出て国の長や集団の長になったとしても、人々を教えることはできないと言うのです。自分の血を分けた家族ですらしっかり教えることができない人間が、他人の集合体である国家や企業に行って、そこにいる人々を教えることなどできないだろうと言っているわけです。

しかし今は、家族が一番難しいとされています。なぜならば、家は家族が休みに来る場所になっているからです。子どもは学校で戦い、学校が終われば塾へ行って戦っていますから、家にいるときくらいは自由にしたいと思っています。そういう子どもを相手に、お父さんお母さんは教えを垂れなければいけないのですが、お父さんお母さんたちにしても、外に働きに行って戦っているわけですから、家にいるときくらいは少し休みたいというのが本音でしょう。そういう現代の事情もよく頭に入れて、こういう文章を読んでいくことが重要です。

これを裏返して見ると、そういう難しい相手をなんとか教導・教化できたとしたら、それはすごいことです。手ごわい家族をしっかり教導・教化できていれば、肩書がものを言う社会・組織・企業などでは肩書が応援してくれて、そこにいる人たちを教育するのは簡単だという見方も、現代的な読み方としてはあると思います。

今はとくに家を重視して、しっかりした教導・教化を実践するのは難しい時代です。そこで、家庭はリーダーがしっかり教育をやる実践の場だと捉えてみる。そこで家人をしっかり抑えることができれば、外の人も抑えられると言うこともできるわけです。

次に「故《ゆえ》に君子《くんし》は家《いえ》を出《い》でずして、教《おしえ》を国《くに》に成《な》す」とあります。今のように家庭を捉えて読むと、ここも単に家人をしっかり教導・教化するとのみ言っているのではないとわかってきます。もっと深いところで、仰ぎ見るような人物になっているかどうかが重要なのです。つまり、人間が最も大切にしなければいけない根本をしっかり自覚して、「これはしっかり身につけなければいけない」と言って、まずお父さんお母さんがしっかり身につける。そうすると、内面が教化されてきます。内面が教化された人物は、普通の所作を繰り返していても、どこかに仰ぎ見るような、立派だなと思えるようなものが身体の内面から滲《にじ》み出てきます。

父親にとっても母親にとっても家庭はエネルギーを回復する場ですから、もちろん休んでもいいのです。そのときに慎独を忘れず、人に見せられないような休み方をしなければいいのです。それ自体が絵になっているような、見た人が感心してしまうような休み方をしているとなれば、これは人としての根本が身についているということです。

それが本当に身につかないと、人格がものを言うようにはなりません。何気ない、ちょっとした身の振り方にも人格が感じられるというふうになって初めて、家の内、外の社会の区分なく、その人が出ていくと周囲の人が「ああ、こんな立派な人はいない」「こういう人にならなければいけない」と一目置くようになる。何かを教えるわけではないし、教訓を垂れるわけではないけれど、自然と周囲を感化することができるのです。

人間は真似をしますから、感化ということが非常に重要です。そういうすぐれた感化が起こるような自分をつくるのが「修己」なのです。ここではその要点をずばりと指摘しています。

●親が子どもに慈愛をふるうと「愛」と「敬」の関係が生まれる

そして、その具体的な項目について、次に書いてあります。

まず「孝《こう》は君《きみ》に事《つか》ふる所以《ゆえん》なり」。「孝」とは子どもが親に対して抱く敬いの心です。孝行をしっかり子どもに命じて身につけさせることは、家庭が社会のトレーニング場となる第一歩です。家庭の中でしっかりと孝行ということを教えると、社会に出て組織の中に入っても、責任者がしっかりしているからその組織が安泰なのだということがよく理解できます。また、「この人がいてくださるから自分がいるんだ」というように、上の人を有り難い存在だと感じることができるのです。

それが「孝」の基本です。「孝」の内訳はいくら話しても足りないくらいですが、簡単に言えば、「愛」と「敬」です。「愛」は、天が我々人間に降り注いでくださるものです。自然治癒力なども天の愛です。自然とキズが治っていく、病が癒えていくというのは、天の力が及んでいることで、天が愛情をふるってくれているのです。それに対して我々人間は天を「敬う」ということでお返しをするのです。愛が上からくれば、下の者は敬うことで返すというのが「愛」と「敬」の関係です。

漢籍には、こういうペアになっている考え方がたくさんあります。「愛」と「敬」はその代表格ですが、これを一言で言うと「孝」になります。ですから、西郷南洲の「敬天愛人」は「孝」のことを言っていると考えられます。身近なことで言えば、親が子どもに愛を注ぎ、子どもが親を敬うということです。子どもが親を敬うようになるには、次に出てくる「慈愛」を親が子どもにしっかり降り注ぐことが大切です。

次に「弟《てい》は長《ちょう》に事《つか》ふる所以《ゆえん》なり」。「孝」の次は「弟」です。「弟」は、目下の者が目上の者に「恭」の心をふるうことを言います。弟妹が年長者であるお兄さんお姉さんに対して恭順するということです。また、お兄さんお姉さんが弟妹を可愛がることが年長者と年下の者の交流で一番重要だという意味で、この「弟」という字を使います。「弟」は本来、りっしん偏がついた「悌」という字を書いて、その心を表しています。ですから、お兄さんお姉さんを慕う心、あるいは尊敬する心、敬う心を「悌」というのです。

新入社員として社会に出ると周りはすべて年長者です。その年長者に対する姿勢や態度がどうあるべきかを家庭でしっかり学んでおけば、「今度入った○○君は礼儀正しいね」「受け答えがちゃんとできるね」と評価されます。ですから、「孝」と「弟」は一番の責任者である社長や役員に対してしっかり受け答えができるけれど、直属の上司に対してもしっかり対応ができるという、社会の中で非常に重視されるものです。

私がお世話になった土光《どこう》敏夫さんは、戦後日本の経済発展に多大なる貢献をされた経営者のお一人です。土光さんはいつも人事部長に「孝行者を採用してくれよ」と話しておられました。「なぜですか」と聞くと、「孝行者は社員教育を済ましているようなものなんだ」と言われました。それぐらい重要なものが「孝」と「弟」なのです。

それを身につけさせるために、お父さんお母さんは子どもたちに「慈」を施すことが大事なのです。それが「慈《じ》は衆《しゅう》を使《つか》ふ所以《ゆえん》なり」という言葉です。これを何気なく読んでしまえば、慈愛をふるうことが大事だ、というだけで終わってしまいます。しかし、慈愛は仏教が根本原理に据えている大事なものなのです。仏教とは慈愛を説くものです。ですから、慈愛は人間社会の根本原理なのです。

せっかくの機会ですからお話ししておきますと、仏教は「慈悲」を説いていますが、この「悲」は「カルナーティ」つまり「呻く」という意味です。一方の「慈」は「マイトリー」つまり「仲間」という意味です。したがって「慈悲」とは、仲間が呻いているときに、あなたはどうしますか、と問うているのです。

人間にはただ呻《うめ》くことしかできないようなときがあります。そういう人を目の前にしたとき、あなたはどうしますかと問う。それが仏教の根本原理です。その答えは「一緒に呻いてやれ」と。心の底から真心を込めて心配してあげるのが「慈」なのです。

そういう慈愛を親が子どもにしっかりふるうと、親の教えを受けたお兄さんお姉さんが弟・妹を同じように慈しむようになります。言ってみれば、良い社会の典型例として、良い家庭ができるわけです。それを『大学』は言っているのです。

●問題の対処にあたるとき「誠心誠意」ほど強いものはない

康誥《こうこう》に曰《いわ》く、赤子《せきし》を保《やす》んずるが如《ごと》くす、と。心誠《こころまこと》に之《これ》を求《もと》むれば、中《あた》らずと雖《いえど》も遠《とお》からず。未《いま》だ子《こ》を養《やしな》ふことを学《まな》びて后《のち》に嫁《か》する者《もの》は有《あ》らざるなり。

第五段第一節の続きです。ここに「康誥《こうこう》に曰《いわ》く」とあります。前回、『書経』の康誥篇へ行って、「民を新たにす」というところを見ました。その文章の少し後に、武王が自分が滅ぼした殷王朝の人たちが逃げて暮らしている衛という場所の責任者として行く弟に対して、政治の要諦を教えるくだりがありました。その根幹に、実はここに出てくる「赤子《せきし》を保《やす》んずるが如《ごと》くす」という考え方があるのです。「赤子を保んずる」とは、赤ん坊を保育する、保護するという意味です。ですから、国家のトップも、地域のトップも、会社の社長も、自分に待ちに待った可愛い赤子ができたという気持ちを持って民や社員に対するようにしなさいと言っているのです。この精神が行き届くかどうかで、名君かどうか、地域が治まるかどうか、会社がうまくいくかどうかが決まるのです。ですから、「赤子を保んずるが如くす」というのはとても重要な考え方です。

その次に素晴らしい言葉が出てきます。「心誠《こころまこと》に之《これ》を求《もと》むれば、中《あた》らずと雖《いえど》も遠《とお》からず」と。これはよく使う言葉です。すべてにおいて完璧な人はいません。「孝」にしろ「弟」にしろ「慈」にしろ、完璧というのはなかなか難しい、しかし、その完璧ではない欠点を補って余りあるのが、この「心誠に之を求むれば」なのです。誠心誠意ほど強いものはないと言っているわけです。

私の生徒には官公庁のミドルがたくさんいます。彼らは役職上、人事異動が頻繁にあります。自分の省で課長を拝命して働いていると、突然辞令が出て、隣の課の課長になるように命じられることもあります。そのときたまたま異動先の課で記者会見があり、まだ自分の席にまともに座ってもいない人間が、課長として記者と対面しなければならない場合もあるそうです。そういうときに限って、厳しい質問が飛んできたりする。そういうときはどうすればいいでしょうかという質問をよく受けます。

そういう場合、私は必ず「心誠に之を求むれば、中らずと雖も遠からず」ということを教えます。そのとき絶対に言ってはいけないのが、「今日赴任いたしましたから、私はわかりません」という言葉です。国家に空白があってはいけません。そんなことを言ったら、すぐにクビになってしまいます。ですから、誠心誠意対応することを心がけるのです。どんな質問にも誠心誠意答えようとすれば、それは「中らずと雖も遠からず」なのです。

これは社員教育でも大切な教えになります。不慣れなポジションに行っても、公に何かを発表しなければならないときには、この言葉の通り、誠心誠意対応するように教えてあげればいいのです。

●一国の興亡は秒単位の機を捉えるか逃すかで決まる

一家仁《いっかじん》なれば、一国仁《いっこくじん》に興《おこ》り、一家譲《いっかじょう》なれば、一国譲《いっこくじょう》に興《おこ》り、一人貪戻《いちにんたんれい》なれば、一国乱《いっこくらん》を作《な》す。其《そ》の機《き》此《かく》の如《ごと》し。此《こ》れ一言事《いちげんこと》を僨《やぶ》り、一人国《いちにんくに》を定《さだ》むるを謂《い》ふ。

第五段第一節の最後の段落です。まず「一家仁《いっかじん》なれば、一国仁《いっこくじん》に興《おこ》り、一家譲《いっかじょう》なれば、一《いっ》国譲《こくじょう》に興《おこ》り、一人貪戻《いちにんたんれい》なれば、一国乱《いっこくらん》を作《な》す」と。今までずっと話してきたので、大分、おわかりいただけるようになったと思いますが、国は家庭の集合体ですから、まず家庭がしっかり斉っていなければならないのです。家庭が斉わないというのは、何度も言うように、お父さんが「俺は勝手にやるからみんなも勝手にやってくれ」と言い、お母さんも「私も勝手にやるからみんなも勝手にやってね」と言うように、それぞれが勝手極まりない生活をしているような場合を言います。しかし、それではダメなのです。親は親、子どもは子どもとしての役割をしっかり果たし、互いに協力しながら一家をより良いものにしていこうとしなくてはいけません。それを家庭が斉うというのです。

そういう家が多くなり、家庭の中で培われたものをリーダーがしっかり身体から発することができれば、それはそっくりそのまま国家にも当てはまり、「一国仁に興」るのです。また、「一家譲」家庭の中で譲り合いというものがあれば、「一国譲に興り」一国の中でも譲り合いというものが興ります。要するに、仁・義・礼・智・信の五常が人間の規範として非常に重要なのです。それが家庭の中でしっかり培われていれば、社会にも広がっていくということです。

それとは反対に、「一人貪戻なれば、一国乱を作す」。「貪戻」とは自分の利だけ貪ることです。お父さんやお母さんが自分だけよければいいと好き勝手やっているのは「一人貪戻」です。こういうふうになると、「一国乱を作す」。みんながそれぞれ「私の好きにやらせてくれ」というふうになれば、国が乱れてしまいます。現在の日本にもそういう風潮が見えます。気をつけなければいけません。

次の「其《そ》の機《き》此《かく》の如《ごと》し」ですが、ここに「機」という字が出てきました。この「機」は非常に重要な字です。そもそもは、弓に矢をつがえてキリキリと引き絞り、ここぞというときにパッと離すときの秒の単位を言います。

「機」を使用している言葉に「機会」があります。英語のオポチュニティーやチャンスを日本語では「機会」と言います。「機に会う」と書きますが、こういう「機」が使われるものは皆、秒単位で扱わなければいけないと言っているのです。「機が熟す」とか「機に乗じる」というのも、一瞬を逃さないことが大事だということです。ここでは、一国が興るのも乱れるのも秒単位のものだと言っています。そのくらい注意深く感じ取らなければいけない。心で理解しなければいけないのです。したがって自分にとっての機会、チャンスとはこの様なものだとよく知って待ち受けるべきものです。

「機」のもう一つの意味は、「機械」のように仕掛けがあるということです。「其の機此の如し」の「機」は両方の意味で使われていると思います。要するに、この世の中は、人間がいて、家庭があって、家庭の集合体が国になるという仕掛けになっています。いきなり国ができるのではない。だから、一人ひとりの身が修まって、それで家が斉って、ようやく国が治まるということを言っているわけです。

ゆえに「此《こ》れ一言事《いちげんこと》を僨《やぶ》り、一人国《いちにんくに》を定《さだ》むるを謂《い》ふ」というのは、秒単位のここぞというときに、リーダーはただ一言でいいから発信する。そうすれば国が定まるのだということです。

ここには素晴らしい言葉ばかり出てきますので、しっかり読んでいただきたいと思います。

●上と下が同じ心にならなければ何事も治めることはできない

今度は第五段の第二節を読んでいきましょう。

堯《ぎょう》・舜《しゅん》天下《てんか》を率《ひき》ゐるに仁《じん》を以《もっ》てして、民之《たみこれ》に従《したが》へり。桀《けつ》・紂《ちゅう》天下《てんか》を率《ひき》ゐるに暴《ぼう》を以《もっ》てして、民之《たみこれ》に従《したが》へり。其《そ》の令《れい》する所《ところ》其《そ》の好《この》む所《ところ》に反《はん》して、民従《たみしたが》はず。是《こ》の故《ゆえ》に君子《くんし》は諸《これ》を己《おのれ》に有《ゆう》して、而《しか》る后《のちこれ》諸を人《ひと》に求《もと》め、諸《これ》を己《おのれ》に無《な》くして、而《しか》る后《のちこれ》諸を人《ひと》に非《とが》む。身《み》に蔵《ぞう》する所恕《ところじょ》ならずして、而《しか》も能《よ》く諸《これ》を人《ひと》に喩《さと》す者《もの》は、未《いま》だ之《こ》れ有《あ》らざるなり。故《ゆえ》に国《くに》を治《おさ》むるは其《そ》の家《いえ》を斉《ととの》ふるに在《あ》り。

ここでは、国を治める、家を斉えるということを別の意味で表現しています。何回も何回もいろんな例題を出して、我々に理解を促しているわけです。

仰ぎ見るような王様である堯や舜といった古代の名君が天下を統率するとき、仁によって民に面していました。「仁」とは、『論語』一冊がすべて仁について語っているといってもいいほど広い概念ですが、そこには人に対する思いやりや慈しみといったものがすべて入っています。そういう「仁」をもって政治を行ったから、民は「こんなに我々を気遣って政治をしてくださっている。有り難いものだ」と言って従ったわけです。

ところが、その後に出てきた桀王とか紂王といった暴虐非道の限りを尽くした酷い王様たちは、天下を率いるのに暴力を使いました。しかし、それでも民は従ったのです。暴政であっても、表面的には民は従わざるを得ないわけです。それゆえ、民は表面的に見てはいけないと言っているわけです。民の心の中を探っていくと、「其《そ》の令《れい》する所《ところ》其《そ》の好《この》む所《ところ》に反《はん》して、民従《たみしたが》はず」。君主の出す命令に内心では反発して、嫌々従っているだけだというのです。

堯・舜の場合は、堯・舜が好むところと民の好むところが一致していました。「民の心を以て君子の心になれ」という教えがありますが、そういうものが一致していることが重要なのです。桀や紂のような暴政でも民は従うけれど、心の中では、「こんなことに従えるか」と反発している。嫌々従っているだけで、本心は従っていないということです。

国のリーダーと国民の間柄だけではなく、家族もそうでしょうし、企業・組織でもそうでしょう。下の立場から言うとなんでも従わざるを得ないのですが、上に立つ者はその心の内まで深く考えなければいけないのです。これは下の者におべんちゃらを使ったり譲歩しろということではなく、下の者の望むところと自分の望むところを一致させなさいということです。民あっての国であり、社員あっての会社なのです。

逆に民や社員に対しては、リーダーあっての国であり、社長あっての会社なのだから、お互いにお互いを敬うという関係が重要だと言っているわけです。ですから、上と下が同じ心になることが重要なのです。

そうすると「是《こ》の故《ゆえ》に君子《くんし》は諸《これ》を己《おのれ》に有《ゆう》して、而《しか》る后諸《のちこれ》を人《ひと》に求《もと》め」、つまり、上に立つ者がきれいな言葉をいくら口にしたところで民には通用しない。本当に心の底から思って、それがほとばしるように出てこなければ民の心を動かすことはできないのです。「己に有して」は、まず自分がしっかりとした考えを持ってそれを実践して、その後で「人に求め」人にも「こういうことは大切にしたほうがいいよ」と言う。自分がもし至らない場合は、「自分もまだ完璧ではないけれど、こうあらなければならないと思っている。君ならできると思うから、しっかりやったほうがいいよ」と言う。大事なのは、己に有してから人に求めるということです。

そして次に「諸《これ》を己《おのれ》に無《な》くして、而《しか》る后諸《のちこれ》を人《ひと》に非《とが》む」。誰しも嫌なことは共通していますから、まずそれを自分からなくして、その後で「君、これは止めたほうがいいよ」と言う。人に言うのは、まず自分をよく点検してからだ、と言っているのです。

次がすごい言葉です。「身《み》に蔵《ぞう》する所恕《ところじょ》ならずして、而《しか》も能《よ》く諸《これ》を人《ひと》に喩《さと》す者《もの》は、未《いま》だ之《こ》れ有《あ》らざるなり」と。「恕」という言葉が出てくるので「思いやりを持つことが大事だよ」くらいに解釈して終わってしまうところですが、この「恕」こそが重要なテーマなのです。

『論語』に「夫子《ふうし》の道は忠恕《ちゅうじょ》のみ」という言葉が出てきます。「夫子」とは孔子のことです。孔子は一生かけて一つの道を徹底的に突き止めようとしたのですが、それこそが「恕」なのです。あの孔子が一生かけて突き止めようとした「恕」とは何か。宇宙開闢以来、天は絶え間なく「生成化育」つまり創造・変化を繰り返しています。同時に、我々に恵みを施してくれています。「今月は休みだ」「今日は休ませてくれ」ということはありません。

それくらい天は何万年何億年とこの地上に恵みを施してくれています。しかし、天は「俺はいつも恵んでやっているんだから、たまにはそちらも返してくれよ」とは決して言いません。その心を「恕」と言うのです。

つまり、「恕」とは無償の行為です。ひたすら慈しむということです。社長であれば社員が心配で、社員の幸せを願う。国家のリーダーであれば、国民が心配で、なんとか国民を幸せにしたいと思う。その心が「恕」です。言い換えれば、それは天に代わって人を治めるということです。それがリーダーに求められるあり方なのです。

ですから、この「恕」という言葉は軽々に扱ってはいけません。この字の語彙《ごい》を話し出せば膨大なことが言えるほど大切な言葉ですから、しっかり馴染んでいただきたいと思います。

この節の最後に「故《ゆえ》に国《くに》を治《おさ》むるは其《そ》の家《いえ》を斉《ととの》ふるに在《あ》り」とありますが、今までお話ししたこと全体が、まさに「国を治むるは其の家を斉ふる」ということなのです。

●国を治める原点は家庭の中の人間関係にある

第五段第一節と第二節は、我々の社会の原点について述べていました。次の第三節には、我々が社会生活や家庭生活をしっかりやろうというときにとても重要なことが説かれています。早速、読み進めていきたいと思います。

詩《し》に云《い》ふ、桃《もも》の夭夭《ようよう》たる、其《そ》の葉《は》蓁蓁《しんしん》たり。之《こ》の子《こ》ここに帰《とつ》ぐ、其《そ》の家人《かじん》に宜《よろ》し、と。其《そ》の家《か》人《じん》に宜《よろ》しくして、而《しか》る后《のち》以《もっ》て国人《こくじん》に教《おし》ふ可《べ》し。詩《し》に云《い》ふ、兄《けい》たるに宜《よろ》しく弟《てい》たるに宜《よろ》し、と。兄《けい》たるに宜《よろ》しく弟《てい》たるに宜《よろ》しくして、而《しか》る后《のち》以《もっ》て国人《こくじん》に教《おし》ふ可《べ》し。詩《し》に云《い》ふ、其《そ》の儀《ぎ》忒《たが》はず、是《こ》の四国《しこく》を正《ただ》す、と。其《そ》の父子兄弟《ふしけいてい》たること法《のっと》るに足《た》りて、而《しか》る后《のち》民《たみ》之《これ》に法《のっと》るなり。此《これ》を国《くに》を治《おさ》むるは其《そ》の家《いえ》を斉《ととの》ふるに在《あ》りと謂《い》ふ。

ここでは「国を治むるは其の家を斉うる」ということを三つの例を出して説明してくれています。

まず「詩《し》に云《い》ふ」。『詩経』にこういうものがある、と。「桃《もも》の夭夭《ようよう》たる、其《そ》の葉《は》蓁蓁《しんしん》たり」

の「夭夭」「蓁蓁」は桃の若々しい木が葉を茂らしているということで、盛んな状況の描写として必ず出てくる言葉です。そういう中で、「之《こ》の子《こ》ここに帰《とつ》ぐ」娘さんがこれから嫁《とつ》いでいく。可愛らしい心根の優しい娘が嫁いでいけば、「其《そ》の家人《かじん》に宜《よろ》し」嫁ぎ先の家人ともうまく和合して、大昔からいるような家庭の一員になれるだろう、と。これは重要なことです。自分が育った家で、家のメンバーとしてしっかりトレーニングを積んでいれば、どこの家庭に行ってもすっと中に入れるのです。そういう娘さんに育てなければいけないと言っているわけです。するとと「其《そ》の家人《かじん》に宜《よろ》しくして、而《しか》る后以《のちもっ》て国人《こくじん》に教《おし》ふ可《べ》し」。そういう娘さんを育てたご両親であれば、自分の娘や息子ばかりではなく、社会に出て国家の長になろうとも組織の長になろうとも、みんなをうまく育てることができると言っています。これが一つ目の例です。

次に二つ目の例です。

「詩《し》に云《い》ふ、兄《けい》たるに宜《よろ》しく弟《てい》たるに宜《よろ》し、と」。また『詩経』にこう言っている。兄としてもよろしいし、弟としてもよろしい、と。この「宜し」という字には深い意味があります。「時宜にかなう」の「宜」ですが、これは天の望みとピタッと合うことを表した字です。天は「地上の民が幸せに暮らしてくれよ、愉快に暮らしてくれよ」という思いを持って存在しています。その思いとピタッと一致するというのが「宜し」です。「兄《けい》たるに宜《よろ》しく弟《てい》たるに宜《よろ》しくして、而《しか》る后以《のちもつ》て国人《こくじん》に教《おし》ふ可《べ》し」そういう心を持って、王として民に、組織の長として部下に教えを施しなさい、と言うのです。

そして三つ目の例です。「詩《し》に云《い》ふ、其《そ》の儀《ぎ》忒《たが》はず、是《こ》の四国《しこく》を正《ただ》す、と」。「其の儀」とは、「手本」のことです。手本はどこに行っても「忒はず」同じなのだ、というのです。家の中でしっかりしていれば、それが組織に行っても、国に行っても、同じように通用する。良き行いは道理にかなっているから、どこでも通用するのだということです。「是の四国」は四方の国々あるいは全国。つまり、どこへ行っても正す力があるのだ、ということです。

「其《そ》の父子兄弟《ふしけいてい》たること法《のっと》るに足《た》りて、而《しか》る后民之《のちたみこれ》に法《のっと》るなり」は、誰でも子どもの立場は経験済みですし、父親という経験や、兄姉・弟や妹という経験もある。そういう立場でなすべきことがしっかりできていれば、国を治めることもできるということです。

ここに挙げた三つの例は、国を治める原点は家庭の中の人間関係にあることを示しています。

●基準を示す物差しがないと正しい行為はできない

以上で第五段は終わり、今度は第六段の第一節を読んでいきます。ここの解説を少ししておきますと、今も言ったように家庭が原点なのです。この社会はうまくできていて、人間にはいきなり難しい課題が来るわけではなく、生まれた家庭が第一のトレーニング場になっているのです。ですから、家庭でしっかり人間としてのトレーニングを積むことが社会で活躍するために大切なのだということです。

それからもう一つ、重要なことに「規範」というものがあります。「規範」とは「定規」のことです。定規がなければ大伽藍の設計はできません。どんな大きな建築物でも、コンパスと定規がなければ建たないのです。コンパスと定規で設計図を描いて、その通りに大工さんが建てるから建つのです。

それと同じことで、人間にも定規・規範・基準が必要です。「基準は何もないけれど、しっかり正しくやってくれ」と言われても困ります。「何か基準となるものをください」と言いたくなります。そういう人間としての基準が生まれながらにあるのだということを、第六段では言っています。

所謂《いわゆる》天下《てんか》を平《たいら》かにするは其《そ》の国《くに》を治《おさ》むるに在《あ》りとは、上老《かみろう》を老《ろう》として民孝《たみこう》に興《おこ》り、上長《かみちょう》を長《ちょう》として民弟《たみてい》に興《おこ》り、上孤《かみこ》を恤《あわれ》みて民倍《たみそむ》かず。是《ここ》を以《もっ》て君子《くんし》には絜矩《けっく》の道《みち》有《あ》るなり。

ここに出てくる「絜矩《けっく》の道《みち》」が基準です。後にもう一度出てきていることからも、どれほどこれが重要なのかがわかります。

まず「所謂天下《いわゆるてんか》を平《たいら》かにするは其《そ》の国《くに》を治《おさ》むるに在《あ》り」とあります。これは八条目の冒頭で説明していることです。天下泰平な良い社会は国が治まっていなければあり得ません。国が治まってもいないのに、天下泰平ということはないと説いているわけです。

では、それは一体どういうことなのかという説明が次に出てきます。

「上」という字が出てきますが、これは上に立つ者。国家で言えば君主、家庭であれば父親、会社で言えば上司といった人たちです。そういう人の模範・手本になるべき人が、「老を老《ろう》として民孝《たみこう》に興《おこ》り」老人に対して感謝の念を持てば、みんな孝行を大切にしようと思うようになる。「皆さんが頑張ってくれたから、今、国家が持続されている。ありがとうございます。ご苦労様でした。これから少しお休みください」といった労いの言葉で老人に対していれば、国民も「ああ、やっぱり孝行は大切なんだな」と思って、そういう気風が国中に広がるのです。老人が大きな荷物を持って歩いていれば「私が持ちましょうか」と声をかけたり、電車の中で席を譲ったりということが自然になっていく。要するに、リーダーの一挙手一投足が全部教育になるということを言っているわけです。

私の個人の体験ですが、電車に乗っていたときに、かなりご高齢のお年寄りが乗ってこられました。私の隣に若い女性二人が座っていたので、席を譲るかなと思っていたら立つ気配がないので私が立ったら、そのご高齢の方が「いや、大丈夫ですから」と言われました。私は「いやいや、とんでもない。どうぞ、どうぞ、お座りになって」と言うと、二人の女の子が私の顔を見て、「嫌な感じ」と言いました。おそらく私が女の子たちを非難がましく見たのだと思います。

今はお年寄りに席を譲るということも教育されていないのです。自分が電車に乗れるような生活ができているのは、すべて先人である老人たちが若いときから一所懸命ご苦労されて国家を支えてくださったからです。そんなことも学校では教えていないのでしょうか。私は絶望的な気持ちになりました。私のほうこそ嫌な感じです。こういうところをしっかり正していかないとまずいということを、ここでは言っているわけです。ここを正さなければ孝行なんて行われるはずはありません。

それから、「上長《かみちょう》を長《ちょう》として」というのは、たとえば年長者が来れば席を譲って「どうぞ、こちらへ」というように年長者を立てることです。年長者がおられるのにもかかわらず、自分が取り仕切ってべらべらしゃべるというようなことは、我々の世代は厳禁になっていました。何度も発言を促《うなが》されて、「君、どうぞ」と言われてからしゃべるんだぞ、と言われていました。そういうように長を長として引き立てれば、先ほどの「弟」が興るというわけです。

さらに言えば、「上孤《かみこ》を恤《あわれ》みて民倍《たみそむ》かず」。ここからは政治の要諦、組織の要諦について述べています。「上孤を恤みて民倍かず」とは政治が最も心を使わなければいけないことです。儒家の思想で度々出てきますが、「孤寡不穀《こかふこく》」というものがあります。「孤」というのは孤児、「寡」は寡婦、連れ合いを亡くされた方です。それから、「不穀」は自分の手で食料を調達できない人。身体が不自由であるというような理由から、意欲はあっても生活ができないような人です。こういう人を率先して救っていくのが、政治の要諦であり、それが「理」というものです。

ですから、政治のことを「理」と言うことがあります。「理に適った」という言葉がありますが、理に適ったことを行うのが政治です。で、このように「政治」という意味で「理」という字が使われている文章が古典には非常にたくさんあります。

そのように「孤を恤みて」政治を行えば、民は困っている人たちを助ける政治は素晴らしいと支持します。これとは反対に、変な権力者が自分と関係の深い人間ばかりを助けていると、民の反発を食らいます。世の中でご苦労されている人から順番に救っていくというのが「慈」というものです。政治はそれができていなくてはならないのです。

ですから、徹底的にそういうことを教えていかなくてはいけません。教育には三つの種類があります。第一が家庭教育、第二が地域教育、第三が学校教育です。地域教育というのは最近とんと聞かれなくなりましたが、江戸時代は非常に重視していました。今はなんでもかんでも学校、学校と言いますが、学校教育には限界があります。それを救っていくのが、地域教育と家庭教育です。
そして、教育をするときにまずやらなければいけないのは「是《ここ》を以《もっ》て君子《くんし》には絜矩《けっく》の道《みち》有《あ》るなり」であると要点を言ってくれています。この「絜矩の道」が基準になるのです。したがって、これをしっかり教育することが重要なのです。「矩」というのは、先にも述べたように、「物差し」であり「基準」になるものを表します。「絜」は「測る」という意味です。したがって、「絜矩」とは物差しや差し金といった基準をしっかり確立して測るということを言います。「この基準で行きなさい」と決めるのが、根本的な教育だと言っているのです。

人間には物差しが必要なのです。物差しがないと正しい行為はできません。ですから、人間としての基準をしっかり教えることが重要なのだということをズバッと言っているわけです。この物差しを人間の場合は「規範」と言います。「規」は基準の「基」で、「範（はん）」は「範（のり）」という字です。「範（はん）」も「範（のり）」も両方ともに「基準」という意味ですが、これをしっかり身につけさせることが重要なのです。

●戦後の日本の教育に失われてしまった「絜矩の道」

次の段落を読んでみましょう。

上《かみ》に悪《にく》む所《ところ》は、以《もっ》て下《しも》を使《つか》ふ毋《な》かれ。下《しも》に悪《にく》む所《ところ》は、以《もっ》て上《かみ》に事《つか》ふる毋《な》かれ。前《まえ》に悪《にく》む所《ところ》は、以《もっ》て後《のち》に先《さき》だつ毋《な》かれ。後《のち》に悪《にく》む所《ところ》は、以《もっ》て前《まえ》に従《したが》ふ毋《な》かれ。右《みぎ》に悪《にく》む所《ところ》は、以《もっ》て左《ひだり》に交《わた》す毋《な》かれ。左《ひだり》に悪《にく》む所《ところ》は、以《もっ》て右《みぎ》に交《わた》す毋《な》かれ。此《これ》を之《こ》れ絜《けっ》矩《く》の道《みち》と謂《い》ふ。

最初に「上《かみ》に悪《にく》む所《ところ》は、以《もっ》て下《しも》を使《つか》ふ毋《な》かれ」とあります。これは「上からされて嫌なことは下にはしない」ということです。これが基準になると言っているのです。上からされて自分が嫌だと思ったのですから、それは絶対に下に対してはしない。それが嫌なことを組織から断ち切る基本です。

しかし、今は反対に、報復とか倍返しとか、テレビの変な影響で、断ち切るべき嫌なことがグルグル回ってしまうような組織になっています。それではダメなので、「上に悪む所」上司にされて嫌だなと思ったことは、自分で「これは絶対、下にはするまい」と心に決めることが大事なのです。

それとは反対に、「下《しも》に悪《にく》む所《ところ》は、以《もっ》て上《かみ》に事《つか》ふる毋《な》かれ」下からされて嫌なことは上にもしない。「そんなことをしなくてもいいじゃないか」と思うようなことを部下からされたときに、それを自分の上司にするのも絶対によくない。そのことも基準にしなさいと言っているのです。言われれば、なるほどその通りです。

次の「前《まえ》に悪《にく》む所《ところ》は、以《もっ》て後《のち》に先《さき》だつ毋《な》かれ。後《のち》に悪《にく》む所《ところ》は、以《もっ》て前《まえ》に従《したが》ふ毋《な》かれ。右《みぎ》に悪《にく》む所《ところ》は、以《もっ》て左《ひだり》に交《わた》す毋《な》かれ。左《ひだり》に悪《にく》む所《ところ》は、以《もっ》て右《みぎ》に交《わた》す毋《な》かれ」も同じことを言っていますが、一つひとつ実に丁寧に述べています。まず「前に悪む所」とは、前の人からされて嫌なこと。それを「以て後に先だつ毋かれ」後ろの人にしてはいけない。今度は反対に、「後に悪む所」後ろの人からされて嫌なことを「以て前に従ふ毋かれ」前の人にしてはいけない。「右に悪む所」右の人からされて嫌なことを「以て左に交す毋かれ」左の人にするというのはよくない。その反対に「左に悪む所」左の人にされて嫌なことを「以て右に交す毋かれ」右の人にするということもよくない。

「此《これ》を之《こ》れ絜矩《けっく》の道《みち》と謂《い》ふ」これも人間であれば万人が心得ていなければならない基準なのだということです。ここでは二回、「絜矩の道」が出てきています。要するに、それほど人間には規範が重要だということです。儒家の思想ばかりではなく、道家の思想も含めて、漢籍全般において規範の重要性を説いています。


しかし大変残念なことに、戦後の日本の教育の中には、このような規範形成教育はありません。戦前までは江戸由来の伝統的な規範形成教育があったのですが、占領期にＧＨＱが日本の教育について徹底的に調査をして、「これは外したほうがいい」としたものの中に規範形成教育が含まれていました。それによって、戦後は規範形成教育がなくなってしまったのです。『大学』が二度までも重要だと言っている「絜矩の道」が戦後のわが国の教育には失われているのです。

これは大問題だと私は思いました。そこで論文を書いて、いろいろなルートから文科省の責任者に規範教育の再考を訴えかけてきました。孤闘《ことう》すること二十六年、今もなお私はそれを主張し続けております。しかし、いまだにいろいろな理由をつけられて受け入れられていません。

私の孫世代が小学校の教師をしていますが、私は戦後教育の一期生です。私から見れば、三世代も回ってしまいましたから、規範という言葉を使っても、今の学校の先生は「なんですか、それは？」というくらいの反応しかしません。私はできる限りボランティアで各地の小学校へ行き、また小学校の先生の養成学校の責任者も務めていましたから、ここぞとばかりに規範形成を説きました。微力も微力で、応援なき孤軍奮闘でやってまいりました。しかし、私もいい歳になりました。そういう活動も二十六年目となると、考え込んでしまうところもあります。

今日は時間の許す限りお話し申し上げますので、皆さんにも、『大学』が言っている「絜矩の道」が現実にはどういうことなのかをよく知っていただいて、ご家庭あるいは職場でそれを実践していただければと思います。

その話は後ほどするとして、まずは次の段落を読んでいきましょう。

●立派なリーダーは「先憂後楽」でなくてはいけない

今度は第六段第一節の三つ目の段落です。

詩《し》に云《い》ふ、楽《たの》しめる君子《くんし》は、民《たみ》の父母《ふぼ》、と。民《たみ》の好《この》む所《ところ》は之《これ》を好《この》み、民《たみ》の悪《にく》む所《ところ》は之《これ》を悪《にく》む。此《これ》を之《こ》れ民《たみ》の父母《ふぼ》と謂《い》ふ。

「詩《し》に云《い》ふ、楽《たの》しめる君子《くんし》は、民《たみ》の父母《ふぼ》、と」。『詩経』に「楽しめる君子は、民の父母」と言っている、と。

この言葉は『孟子』の中にも出てくるのですが、王様が孟子に対して「名君と言われる人は自分でつくった庭を楽しむものですか」と聞きます。そのときに孟子は「楽しみますよ。しかし、それは民とともに楽しむのであって、王様個人が楽しむのではありません」と言いました。それが「楽しめる君子」です。つまり、ここで言っている「楽しめる」とは、王様・君主が一人で楽しんでいるわけではなくて、国民がこぞって楽しんでいるのです。たとえば、盆踊り大会とか運動会とか、みんなで楽しんでいく。国民と一緒に「楽しかったね」と言うような君主が「楽しめる君主」です。そういう精神を忘れてはいけないと言っているのです。そうなって初めて「民の父母」となるわけです。

先に「赤子《せきし》を保《やす》んずる」という言葉が出てきましたが、国民の側から見れば、国王とは国民の父母なのです。だから、「民《たみ》の好《この》む所《ところ》は之《これ》を好《この》み、民《たみ》の悪《にく》む所《ところ》は之《これ》を悪《にく》む」民はどういうことを好み、どういうことを嫌うのかを民の心になって、民に代わって考え、それを施策として出す。「それを待っていたんですよ」と民がこぞって言うようなものが、仁による政治なのです。

政治というのは、そこに命があります。国民をどこまでも心配して、「ここはこうやっておいたほうがいい」と先手を打つ。宋の時代の士大夫《したいふ》、つまり立派な人間のあり方として謳われた「先憂後楽」という言葉があります。これは大きな問題になると、まず自分が世間に先立って憂いて、尽力して解決する。みんなが「よかった、よかった」と言っても、「いや、まだ、安心ならない。もっとしっかり見届けてからだ」と油断しない。そして、みんなが忘れた頃になって「いや、一安心だよ」と喜ぶ。これが「先憂後楽」というもので、立派な君主のあり方です。

先憂が何もないとしたら、そんな政治は政治ではありません。前に前に、懸念に懸念をして、前もって前もって手を打っていくのが、「民の父母」としてのあり方です。こういうところも、国民はしっかり見ていく必要があります。横井小楠は「政治とは民の幸せのお世話係」と、すばり指摘しています。そうしたところから見ると、今は政治をしっかり正していかないと国家が持たないというところまで来ていると思います。「民の悪む所は之を悪む」国民が嫌だと言っていることは自分も嫌だと本心から思うかどうかにリーダーシップの根幹があるのです。

●リーダーは高く聳え立つ岩山のように孤独に耐えなければならない

詩《し》に云《い》ふ、節《せつ》たる彼《か》の南山《なんざん》は、維《こ》れ石巌巌《いしがんがん》たり。赫赫《かくかく》たる師尹《しいん》は、民具《たみとも》に爾《なんじ》を瞻《み》る、と。国《くに》を有《たも》つ者《もの》は、以《もっ》て慎《つつし》まざる可《べ》からず。辟《へき》すれば則《すなわ》ち天下《てんか》の僇《りく》と為《な》る。

最終段落にまた「詩《し》に云《い》ふ」と出てきます。『詩経』にこういうくだりがある。「節《せつ》たる彼《か》の南山《なんざん》は、維《こ》れ石巌巌《いしがんがん》たり」。中国には東西南北に名山があります。ここで言う「南山」は、王の守り神として南に位置する山です。「節たる彼の」の「節」は「高くそびえ立って仰ぎ見るもの」です。なんでも仰ぎ見るものは「節たる」と言います。したがって「節たる彼の南山は、維れ石巌巌」仰ぎ見るように高くそびえる南山は岩石が険しく積み重なっているようなものだ、と言っています。そういう厳しい山ですが、遠くから見れば人々を励ましてくれる守り神になっている。リーダーは、そういう守り神にならなければならないのです。

なぜかと言うと、高く聳え立つ岩山のようにリーダーが孤独に耐えて頑張っているのを見て、民が「私も頑張ろう」と思うようになるからです。民の励ましの図式というものが、そこに出てくるわけです。

「赫赫《かくかく》たる師尹《しいん》は、民具《たみとも》に爾《なんじ》を瞻《み》る」の「赫赫」は権勢が盛大なことを表します。「師」は「太師《たいし》」と言って、現在の総理大臣みたいな役職を指します。「尹」というと有名なのは湯王に仕えた伊尹《いいん》ですが、この「尹」は周の総理大臣です。「民具に爾を瞻る」民はいつもこの総理が一人で頑張っているなと仰ぎ見ていました。ところが、「国《くに》を有《たも》つ者《もの》は、以《もっ》て慎《つつし》まざる可《べ》からず。辟《へき》すれば則《すなわ》ち天下《てんか》の僇《りく》と為《な》る」そのうちにだんだん、この人が権勢をほしいままにして、国政の要職に自分の身内を当てはめていくというように、私利私欲が歴然と見えてくる状況になってしまいました。その結果、「辟《へき》すれば則《すなわ》ち天下《てんか》の僇《りく》と為《な》る」公平を失ってしまったために処刑されることになってしまった、と。

上位に就くというのは、晴れがましく誇りに思っていいことですが、正しく務めていかないと、最終的には刑罰をくらうような身分でもあります。そこまで用心深く見ていかなければダメなのだということを、最後にズバリと言っています。

ここは『大学』のすごみを感じさせるところです。最後の最後でしっかりとどめを刺しておくというのも、短い文章の羅列である『大学』の要点です。そういう意味では、今回読んできたところは『大学』においても山になるところですので、丁寧にしっかり読んでいただきたいと思います。

●規範がなければ正しい生き方はできない

ここで、先ほどお約束した「規範形成」について触れたいと思います。規範形成とは何かを考えるときに大事なのは、立派な大人あるいはリーダーの役割は何かを考えることです。すると、こういうことが言えるのではないでしょうか。「正しい方向を決断し、そちらにメンバーを引率する」ことである、と。正しい方向に引率《いんそつ》する、つまりリードするからリーダーなのです。リーダーの役割は常にこの二つから成り立っています。これは洋の東西を問いません。私は西洋で講義をしたことがありますが、みんな同意します。

たとえば災害が起こってどちらに逃げたらいいだろうかというとき、皆、リーダーの顔を覗き込みます。そこでしっかり決断して、「こっちだ」と言うのがリーダーの値打ちです。正しい方向を決断できないと、リーダーとは言えないのです。

そこで出てくる問題があります。「正しいとは一体どういうことなのか」ということです。すでに何度か説明しましたが、ここで改めて説明しておきたいと思います。

正しいとは何かというとき、我々のような漢字圏《けん》に暮らす者の特権として、文字の持つ意味合いを考えることができます。正という字は「一」と「止」からできています。これは「この線で止まれ」という意味を持っています。したがって、正しいことをやろうと思ったら、基準となる線が必要なのです。

外に出ていただければおわかりのように、道路は線だらけでしょう。それらの線は「赤信号のときはここで止まってください」とか「歩くときはこの線に沿って歩いてください」という意味を表しているわけです。

しかし、そのように言われないと守れないというのは、本当は恥ずかしいことです。そういうものがなくても守らなければいけないと自ら思うのが「常識」や「良識」というものです。この「常識」や「良識」は、心の中に各々が引いている線なのです。これを「規範」と言います。つまり、規範とは「判断・行動の基準」を言います。基準が何もないのにやれと言われてもできません。ですから我々は、これまで育ってきた過程で身についたことを総合的に規範化し基準化して、自己の常識として「この場合はこうやったらいい」と判断して行動しているわけです。

ところが今は、社会で正式に是認《ぜにん》された基準を教えていないため、自分勝手な基準を設けて行動する人が増えています。「そんな基準はないだろう」と非難しなければならないようなことが出てきています。先だっても「人を殺してきた。これはよくないことだから死刑にしてください」と言う人が出てきました。こんな基準で殺されたらたまったものではありません。社会的な規範がないと、そういう勝手極まりないものを規範・基準とする人も出てくるのです。

人間は基準がなくては生きていけないのです。正式に習っていないのなら、自分でつくるしかないのですが、それは得てして勝手気ままな基準になってしまいます。当然、それは共有されていないので、とんでもないことをする人が出てくる。その人が「私はこれを基準だと思っている」と言ったとき、どうやって「それは正しくない」と証明すればいいのか。これは難しい問題です。

たとえば、私の考える一センチという基準と皆さんの考える一センチという基準が違うとしたらどうなるでしょうか。「一メートル右へ移動してくれ」と言っても、それが伝わらないことになります。これは大変でしょう。

今、いろいろな企業に行って話を聞いてみると、皆さん、「コンセンサスがとりにくい」「コミュニケーション不足だ」と言います。会議は嫌になるほどあるし、話し合う機会は多いのですが、根本的な規範が共有されていないために共同して何かをすることができないのです。そこが問題なのだと気づかないと、膨大《ぼうだい》な会議コストがかかってしまうことになります。

●制度化された規範が人間の社会生活の連続性・一貫性を保証する

私が若い頃からご指導をいただいた山本七平《しちへい》さんが、規範に対して非常に良いことを言っています。それを少しご紹介します。

では一体、「信」とは何なのか。

それは互いに同じ規範を持っているという信頼感であり、これを培《つちか》ってきたのが伝統である。それが崩壊した社会は、現代では少しも珍しくないから、その恐ろしさはすでに多くの人が語っているし、私もそれを経験している。

山本七平さんはフィリピンで敗戦を迎えて武装解除になりました。その瞬間に旧軍隊の規範はすべてなくなりました。その結果、それまで階級で保たれていた秩序が崩壊し、腕力の強さによって序列が決まることになりました。一番下の人間が今まで命令を受けていた上官を殴り殺して、その人間の肉を食らうというような事態が日常茶飯事に起こったと言います。ですから、規範がない世界は恐ろしい社会なのだと言っているわけです。

さらに山本さんはこのように言っています。

今では、自分がいかなる規範に従い、社会にどのような共通の規範があるのかわからなくなっているから自分の子どもを叱るにも、何が「親子を共に律する規範」で、何が社会一般に共通している規範なのかわからなくなっている。

規範を教えようにも、何が規範なのかよくわからなくなっている親が多いと言っているのです。

戦後民主主義には、一つの誤解がつきまとっている。民主制《デモクラシー》とはあくまでも政治的制度で、この制度は人間に絶対的規範《グルント・ノーム》を与えてはくれない。思想・信条・宗教の自由を保障するとは、言葉を換えれば、「この制度はそれにはノー・タッチです。各人の規範は各人でご随意に……」ということなのである。同時に、その自由を保障するとは、各人が何らかの思想・信条・宗教に基づく絶対的規範を持っていることを前提とし、法は「すでに起こってしまった人間の行為」にしかタッチしないということである。

たとえば、「ストーカーが私を刺しに来るからなんとかしてくれ」と警察に保護を求めても、「それはできない」と言われます。「刺されてから来てください」と。そんな対応が国家として許されるのかと思いますが、今の民主主義の制度では、事が起こって初めて罪にできるのです。その前に何かが保証されているのかというと、それぞれが規範を持っているから大丈夫だということなのです。しかし、ちゃんとした規範教育をしていないのに、どうして「みんながしっかりとした規範を持っている」と言えるのでしょうか。

ということは、それ以前にその行為を起こさせないものは、各人の持つ内的規範しかないわけだから、それを否定し、罵倒《ばとう》し、その結果、それが喪失し、各人が完全な無規範《アノミー》になったら、その社会は救いがたい状態となって不思議ではない。

以上、挙げてきた山本さんの文章は『論語の読み方』という著作の中に出てきます。まさに私が言いたいことをすべて言ってくださっています。それくらい規範がないことは恐ろしいことなのだと、是非、知っていただく必要があります。

すでに日本はアノミー社会になっているのではないかと思わざるを得ないような事件が日常茶飯に起こっています。それは、このアノミー（Anomie）という社会的規範、価値観の崩壊による社会の不安定さが引き起こしているのです。ですから、よほど注意をしないと、孫・子の時代にはさらに酷くなるでしょう。なんとしても、ここで食い止めなければいけません。その一心で私は二十六年間、活動しているのです。

規範は英語でNormと言います。これをアメリカの社会学の権威であるタルコット・パーソンズ（Talcott Parsons）は次のように定義しています。

（規範とは）文化体系の一部を構成し、「内面化」を通して人格体系へ、「制度化」を通して社会体系へそれぞれ定着し、人間の社会的生活の連続性、一貫性を保証する。

つまり、規範というものは、教育を受けることによって内面化して、それが人柄となるのです。人となりは、規範という一つの基準があってできていくわけです。そして、規範が制度として社会に定着することによって、人間の社会生活の連続性・一貫性を保証するものになります。つまり、自分の人格を形成するのに使っている規範と、社会が基準にしている規範が一致することによって、自分が正しいと思っていること、逆に正しくないと思っていることが社会的にも論証できるようになるわけです。

今は、儒家の思想から教わって私が正しいと思っていることが必ずしも社会の中で正しいとされていることと合致しない場合が多くなっています。そういう不一致があってはいけないと、タルコット・パーソンズは言っているのです。

規範を表す英語のNormは、Normal（ノーマル＝正常な）という言葉の基本になっています。正常というのは異常ではないということですから、世の中の異常を正していくためにはどうしてもノーマルという規範が必要なのです。

その社会の文化体系の一部として、ノーマルな規範が内面化されれば人格になり、制度化されれば社会常識となって、人格と社会、内面と外面が一致する。そこに初めて矛盾のない社会が生まれるのです。そういう社会をつくることが非常に重要です。

●江戸時代の規範形成教育から学ぶべきこと

では、わが国伝統の規範形成教育とはどういうものでしょうか。今度は、それについて説明したいと思います。

規範は規矩《きく》という言葉に置き換えることができます。前にも言いましたが、この「規」はコンパス、「矩」は物差しを指しています。大伽藍《がらん》を設計するのと同じように、人間も大人物になるためには、コンパスと物差しを持って人間としてのあり方をしっかり描く必要があります。江戸時代はコンパスのことを「ぶんまわし」と言い、物差しのことを「差し金」と言いました。

この規範・規矩をしっかり授ける教育を四端《したん》教育と言います。『孟子』を読んだ方は、「ああ、あの四端か」と思われるでしょうが、これは孟子が説いている幼年教育の根幹に位置するとても重要なものです。

その内容を見てみると、一番は胎教です。先にも言いましたが、江戸時代は胎教について社会的に心を砕いていました。まず食べる物に注意して、刺激物を慎むようにしました。刺激物が身体に入るとお腹の中の子どもにも影響があるということが近代科学でもわかってきましたが、日本では江戸時代から当たり前だったのです。

二つ目として、日常の身体の姿勢や動きに注意しました。これは心身の過度な動きを慎むということです。最近は妊娠中でも少々運動したほうがいいのではないかとダンスなどをする方もおられるようですが、江戸時代は何しろお腹の中のお子さんが第一で、慎み深くしていました。

三つ目として、刺激の強い光景や音楽や会話に注意しました。「火事と喧嘩は江戸の華《はな》」と言うくらい江戸の町は喧嘩が多かったのですが、お腹の大きいご婦人が向こうから来ると喧嘩の最中でもストップして、その方が通り過ぎるまで慎んだほどでした。「あ、行き過ぎたな」と見たら、そこから喧嘩を再開したと言われています。

四つ目として、偉人伝や賢人伝を読んだり、より良い人間関係に接して、心安らかに穏やかに日々を過ごすことが推奨されました。

以上のことは、「子どもは社会の宝として社会が支援する」という江戸の社会的理念に基づくものです。そういう社会にするために、規範形成に力を入れたのです。

お腹の中で一年過ごす間も、胎教としてしっかり教育をして、いよいよ子どもが誕生しますと、誕生してから三歳までに二番目の教育が行われることになりました。このとき大切なのは、母性と父性です。これらは別にお母さんお父さんに限定されるものではないのですが、もちろん、お母さんお父さんと考えてもいいでしょう。

今の教育は、その子が持っていないものを外側から無理矢理植え付け、押し付けることが教えることだと思っています。しかし、儒家の思想ではそんな無理なことはしません。人間であれば何もしなくても人間の形になりますが、それを「化《か》」と言いました。「化」とは「化ける」ことですが、本来の意味は、そのものが持つ特性が出てくることです。たとえば「何か芽が出たね。これはなんだろう」と思って見ていてしばらく経つと、「ああ、杉の木だよ」「これは松の木だよ」とわかってきます。それを「化」と言うのです。

この世に生まれてくる生きとし生けるものは、動物だって植物だって、それぞれの特性を持っています。人間はその最たるもので、そういう特性を持って人間の形になって生まれてきます。その持っているものを引っ張り出してあげるのが、両親の仕事です。

では、母親から子どもは何を引っ張り出されるかというと、それは「慈愛」です。慈愛は情緒的で主観的な愛からできています。お母さんは十月十日《とつきとおか》、一所懸命自分の身体を使ってお子さんを育てるのですから、どうしても情緒的で主観的になります。慈愛はそういう母性から出てきます。これに対して父親からは何が引っ張り出されるかというと、それは「義愛」です。義愛は論理的で客観的な愛で、父性から出てきます。

ここまでが非常に重要です。しっかりした人間の象徴はしっかりした話ができ、説明ができるということです。今の企業社会ではプレゼンテーションと呼んで仰々しく行われていますが、基本的な要素はすべて幼年教育にあります。プレゼンテーションには論理的であるか否かが問われますが、たまには情緒的なホッとするようなところが必要です。客観的なデータはもちろん大切ですが、自分の意見や主観もなくてはいけません。この情緒・論理・主観・客観という四つが身についている人間が立派なビジネスパーソンになるのです。

儒家の思想から言えば、それは幼年教育でするべきことです。ここをしっかり、お父さん、お母さんが引っ張り出してあげる。そのためには、母親は子どもをしっかり抱いて「私が慈愛を引っ張り出してあげる」、父親は「自分が義愛を引っ張り出してやる」と自覚することです。自覚して行えば、絶対に伝わります。これが三歳くらいまでに行っていた教育です。

●「惻隠・羞悪《しゅうお》・辞譲・是非」を六歳までに身につけさせた江戸の教育

今度は三歳から六歳までに行われていた教育です。この時期に慈愛・義愛が育つのですが、まず一つ目として「惻隠の心」が育ちます。つまり、母性から情緒的・主観的な愛である慈愛が引っ張り出されると、それが三歳から六歳までの間に「惻隠の心」として育つわけです。

二つ目に論理的・客観的な愛である義愛が引っ張り出されることによって、「羞悪の心」が育ちます。

三つ目として「辞譲の心」が育ちます。

四つ目として、身体も大きくなり、心も大きくなりますから、ここに「是非の心」が加わります。

この四つを孟子は「四端」と呼びました。これが人間の基本になります。つまり、三歳から六歳までで人間の基本が形成されるわけです。この時期はまだ自意識がありませんから教育がやりやすい。ですから、江戸時代には正当なる教育として四端教育が行われていたのです。

四端とは四つの端緒《たんしょ》です。端緒とは「兆し、芽」のことです。種をまきもしないのに芽が出ることはありません。ですから三歳までに種まきをして、そこから出た芽を三歳から六歳までの間に子どもに植え付けていくわけです。

では、四端の内容を一つひとつ説明しましょう。

一番目の惻隠は、困っている人を見て気の毒だと思う心です。人間は人間性を持っています。その人間性の基本が、この惻隠の心です。それを引っ張り出して育ててあげなければ人間になりえません。

二番目の羞悪は、自分の偽善を恥じ他人の悪を憎む心です。簡単に言うと、自分を犯罪者にせず、社会を健全にする心です。その心がなければ、悪事に手を染めて社会に混乱を引き起こしかねません。

三番目の辞譲は、謙遜して他に譲る心です。譲る心というのは合理性を持っていると言われています。たとえば今、大ホールに何百人かの人がいたときに地震が起こりました。そのときに出口が二つしかないとしたら、みんながそこに殺到し、結果として将棋倒しになってしまうかもしれません。しかし、そのときにみんなが譲る心を持っていれば、譲り合って全員が安全に避難することができるのです。ですから、辞譲の心、謙遜する心は社会生活上、とても重要なものなのです。

四つ目の是非は、道理に基づき善し悪しを判断する心です。これがあって初めて人間と言えます。

以上の四つの心を江戸時代には重要視しました。それを端緒《たんしょ》と言って、六歳までにしっかり身につけさせるようにしたのです。六歳からは藩校や寺子屋で教育が始まりますから、それまでの期間を有効に活用して人間の土台をつくることに徹したのが江戸の教育でした。

では、この四端はどこにつながっていくのでしょうか。

まず惻隠の心が育つと「仁」になります。同じく羞悪の心は「義」になり、辞譲の心は「礼」に育ち、是非の心は「智」に変わります。つまり、四端は仁・義・礼・智に育つのです。この仁・義・礼・智を「四徳《しとく》」と言って、孟子は非常に重視しました。

そして、四徳に信が加わると「五常」になります。私が皆さんに仁・義・礼・智の四徳を示すと、皆さんの心の中には「この人間は信頼できるぞ」という気持ちが芽生え、それが「信」になります。何もしないのに「信」が生まれることはないのです。ですから、「信」が生まれるには条件があって、仁・義・礼・智の四徳をしっかり修めて、それを発揮した人にだけできるものなのです。

国会議員の皆さんが何かにつけて「信なくば立たず」と言いますが、明らかに使い方を間違っています。政治が仁・義・礼・智を国民にふるって、初めて「信」として国民から返って来るのです。四徳をふるっていないのに「信」が得られることは決してありません。

この仁・義・礼・智を現代語に置き換えてほしいというリクエストが多いので、私なりに言い換えてみます。「仁」は言うまでもなく「人間性」です。「義」は社会を健全にするわけですから「社会性」、それから「礼」も社会の中で行うべきことですから、同じく「社会性」になります。そして「智」は人間性に基づいて是非を判断することですから、これは「人間性」になります。つまり、四徳は人間性と社会性を持つということなのです。

この人間性、社会性を育てるには長い期間がかかります。江戸時代では、十五歳の元服までがその期間とされていました。この十五年間は、人間が育つ過程なのです。嫌だと言っても育つのですから、この期間をいかに有効に過ごさせるかが、国家にとっては最大の課題になります。こうやって人間性・社会性に富み、仁・義・礼・智・信をしっかり持った人間が成人になって社会を支えていきます。そういう国民なくして、健全な国家も何もないわけです。

『大学』が「絜矩の道」と言っているその内容が、今、お話しした江戸の人格形成、規範形成です。ここを是非ご理解いただかなければいけません。

今、企業で不祥事が頻発《ひんぱつ》しています。なぜ不祥事が起こるのかというときに、コンプライアンスが足りないからだと言ってコンプライアンス憲章のようなものを作る企業が多いのですが、それで不祥事がなくなるとは私には思えません。私から言えば、そんなことでは済まされない。不祥事は、規範形成がしっかりできていないから起こるのです。

人間性・社会性の根幹を十五歳までの期間にしっかり植え付けられている人ならば、儲け話がうまくいかないからと言って、会社を犠牲にして自分だけが利益を得ようというような不正行為は絶対に働きません。利益は人間性・社会性を発揮して追求するべきものだと考えるはずです。渋沢栄一の「論語と算盤」も、全く同じことを説いています。

正統的なわが国の教育が再興さえすれば、全員が人間性と社会性を兼ね備えた日本人になります。それが失われているということが、どれほど日本を不安定な国にしているかということを是非ご理解いただきたいのです。その第一歩として、まず自らが慈愛と義愛、情緒的・主観的・論理的・客観的な愛というものをどのように把握しているかを省みて、さらに、惻隠の心、羞悪の心、辞譲の心、是非の心を持っているのかどうかを確認していただきたいと思います。そして足りないものがあれば、今からでもしっかりそれを打ち立ててください。そのうえで、家族一人ひとりを見て、さらに職場の一人ひとりを見て、必要な教育を行っていただきたいのです。

同じ規範・基準に則った人間がどんどん増えてくると、一度で上の言うことが理解できるようになります。そればかりでなく、仁・義・礼・智に富んだ人間がどんどん誕生しますから、人格高潔の士が社会に増えていくことになります。それによって誰もが安心して暮らせる安定した社会ができあがるのです。

第五講　根本を見据える

●リーダーが徳を慎まなければ良い国にはならない

今日は前回に引き続き、第六段第二節から読んでいくことにしましょう。

詩《し》に云《い》ふ、殷《いん》の未《いま》だ師《し》を喪《うしな》はざるや、克《よ》く上帝《じょうてい》に配《はい》せり。儀《よろ》しく殷《いん》に監《かんが》みるべし、峻命《しゅんめい》は易《やす》からず、と。衆《しゅう》を得《う》れば、則《すなわ》ち国《くに》を得《え》、衆《しゅう》を失《うしな》へば、則《すなわ》ち国《くに》を失《うしな》ふを道《い》ふ。是《こ》の故《ゆえ》に君子《くんし》は先《ま》づ徳《とく》を慎《つつし》む。徳《とく》有《あ》れば此《ここ》に人《ひと》有《あ》り。人《ひと》有《あ》れば此《ここ》に土《ど》有《あ》り。土《ど》有《あ》れば此《ここ》に財《ざい》有《あ》り。財《ざい》有《あ》れば此《ここ》に用《よう》有《あ》り。

ここも名文ですが、まず何を言っているのかを見ていきたいと思います。

まず「詩《し》に云《い》ふ」。これは毎回お話ししているように、『詩経』にこう書いてあるということです。今回の引用元は周王朝を開いた文王を称賛した文王篇にある一文です。

文王にはいつも言っていたことがあります。それは「自分たちが滅ぼした殷王朝を手本にしなければいけない」ということです。反面教師にしなければいけないというのです。

普通、戦って勝った側は「勝った、勝った」で終わってしまうのですが、文王は「こちらが勝って相手が負けた。相手はなぜ我々に負けたのか。その理由をちゃんと知らなければいけない」と言っているのです。孫子の兵法などにも、そういうくだりが頻繁に出てきます。「殷《いん》の未《いま》だ師《し》を喪《うしな》はざるや」の「師」という字は教師や師匠に使いますが、もともと多くの人間の集合体を表しました。前にも言ったように、軍隊でも大きな編成を師団というのはそこからきています。つまり、殷王朝も湯という名君が開いた最初の頃は民衆の大いなる賞賛・信用を喪わなかった、というわけです。その頃は「克《よ》く上帝《じょうてい》に配《はい》せり」国民からの評判が良かっただけではなくて、「上帝」天からの支持を受けていました。

天は何よりも人間の幸せを願っています。みんなが愉快な人生を歩んでほしいと一番願っているのが天なのです。天は人間が愉快な人生を送れるように、健全な社会をつくることを望んでいます。しかし、自分は姿を現せないし、言葉も発することができないから、自分の代わりに人間を地に降ろしたわけです。

したがって、そもそも人間は天の代わりに生きとし生けるもののお世話をし、健全な社会をつくることを使命としているのです。それゆえ、王のすることを国民が「有り難い、有り難い」と思っているとすれば、それは天の願いにかなっているということですから、天は「よくやってくれている」と君主を賞賛するわけです。

しかし、最初は国民の支持を得ていた殷王朝に、紂王《ちゅうおう》という「酒池肉林」という言葉の大本になったような悪逆非道の王様が出てきました。それを討つために周の文王が立つのですが、文王は途中で亡くなってしまい、最終的には息子の武王が紂王を討伐しました。「儀《よろ》しく殷《いん》に監《かんが》みるべし」とは、「そういうことをよく考えてみろ」ということです。これは「殷鑑遠《いんかんとお》からず」という言葉でも知られています。我々が学ばなければならないものは遠くにあるのではなく、近くにあるのだという意味の言葉です。

そこから、我々が勝ったときには相手がなぜ負けたのかをよく見ることが大事だということにつながるわけです。殷はなぜ我々に負けたのか、それを「殷鑑遠からず」殷に監みるべしと言っているわけです。

そこで、「峻命《しゅんめい》は易《やす》からず」と。「峻命」とは上帝の命令ですが、これは長く保つことが容易ではない。殷の滅亡はその証拠ではないかというのです。名君であった湯王から始まった殷王朝も、結局は天の命令を無視して身勝手な私利私欲に徹したような紂王という王様が出てきた。それによって民は苦しみ、ついに天は紂王を見限って、天誅《てんちゅう》の命令が文王に降った。そういう一連の流れを忘れてはいけないということです。

「衆《しゅう》を得《う》れば、則《すなわ》ち国《くに》を得《え》」多くの民衆の支持を得れば国を得るけれど、「衆《しゅう》を失《うしな》へば、則《すなわ》ち国《くに》を失《うしな》ふを道《い》ふ」民衆の支持を喪えば国を喪う。この原理原則を忘れてはいけない。

「是《こ》の故《ゆえ》に君子《くんし》は先《ま》づ徳《とく》を慎《つつし》む」したがって、集団の長がまずやらなければいけないことは、「徳を慎む」ことであると。『大学』の三綱領についてお話ししたとき、徳について詳しく説明しましたからおわかりだろうと思います。君子はいつも「徳」に照らして自分の言動をチェックしなければならないのです。

するとｓ「徳有《とくあ》れば此《ここ》に人有《ひとあ》り」というように、君子が徳を持てば優れた人が集まってきます。誰しも良からぬ王様に仕えようとは思わないし、徳のあるリーダーの下で大いに働いてみたいものだと、とくに賢人は思うのです。ですから、名君の下には賢臣が集まって来ることになるのです。そうなれば、しっかりとした組織ができますから、今度はそういう政府の下で暮らしたいという民衆が集まって来ます。

君子がまず徳を持つと、その徳に惚れ込んだ賢人が集まって来る。その結果、良い政府ができるから、今度はその国に住みたいと思って民衆が集まって来る。それを「人有り」と言っているわけです。

「人有《ひとあ》れば此《ここ》に土有《どあ》り」。この「土」は単なる土地があることではなくて、「領土」を指します。民衆が寄り集まって良い国をつくるという目的のために一致団結することによって形成されるのが領土です。ただ土地があるだけでは何もなりません。同じ志を持った人間が寄り集まって協力し合うから領土になるのです。

今度は「土有《どあ》れば此《ここ》に財有《ざいあ》り」で、領土に集まった人間が一所懸命働くと、そこにいろんな財が集まって来る。さらに「財有《ざいあ》れば此《ここ》に用有《ようあ》り」。この「用」とは「事業」です。社会が便利に愉快になるような事業がどんどん出てくる。それで、国民が快適な生活を満足できる形で送れるようになっていくのです。

こういうプロセスを経なければ良い国家にはならない。そのスタートは「君子は先づ徳を慎む」というところにあるのだから決して忘れてはいけないと言っているわけです。

●本末を間違えれば国は決して豊かにならない

徳《とく》は本《もと》なり。財《ざい》は末《すえ》なり。本《もと》を外《そと》にし末《すえ》を内《うち》にすれば、民《たみ》を争《あらそ》はしめて奪《だつ》を施《し》く。是《こ》の故《ゆえ》に財《ざい》聚《あつ》まれば、則《すなわ》ち民散《たみさん》じ、財散《ざいさん》ずれば、則《すなわ》ち民聚《たみあつ》まる。是《こ》の故《ゆえ》に言《げん》の悖《もと》りて出《い》づる者《もの》は、亦悖《またもと》りて入《い》る。貨《か》の悖《もと》りて入《い》る者《もの》は、亦悖《またもと》りて出《い》づ。

第六段第二節の続きです。ここに出てくる「徳《とく》は本《もと》なり。財《ざい》は末《すえ》なり」は有名な言葉ですから、皆さんもお聞きになったことがあるかと思います。この言葉はよく誤解されて、「徳こそが大切で、財は大したものではない」と解釈されることがありますが、これは大間違いです。徳も財も両方とも人間生活には必要なものです。したがって財も必要なのですが、財は徳があって初めて生まれるのです。ゆえに、財を成すためにはまず徳から始めなければならない、ということになります。財ばかり追いかけていれば財ができるというわけではないのです。

多くの国民を幸せにするとか便利にするとか、困った状態から救い出すとか不治の病から救うとかいうのは、すべて徳です。そういう行為をすることによって、そこにお互いを利するような形の売買が生じて財が生じるのです。ですから我々がまず考えなければならないのは、自分の行動が徳に適っているかどうかをよく見ることです。それを確認したうえで励んでいれば、嫌だと言っても財は生まれると言っているわけです。

次の「本《もと》を外《そと》にし末《すえ》を内《うち》にすれば、民《たみ》を争《あらそ》はしめて奪《だつ》を施《し》く」というのは、「本であるべき徳をないがしろにして、末であるべき財ばかりを求めれば、人のものを奪ってくるしかない」という意味になります。これは、『孟子』にある有名な章句を引用しています。利益だ儲けだと言っていると他人のものを持ってくるしかない。つまり「奪を施く」ということになると説いているのです。

すると「是《こ》の故《ゆえ》に財聚《ざいあつ》まれば、則《すなわ》ち民散《たみさん》じ」政府・君主の側にばかり財が集中すれば民のほうには回りませんから、民は「こんな国にはいられない」と言って散っていってしまいます。しかし、「財散《ざいさん》ずれば、則《すなわ》ち民聚《たみあつ》まる」政府・君主が民のために財を一所懸命使えば、「あの国へ行けば豊かな暮らしができる」と言って民が喜んで集まってくるのです。

幕末最大の思想家で明治政府の構想係を務めようとした横井小楠の考え方がまさにこの通りでした。当時の収益の分配比率は、藩が七、民が三ぐらいでした。よく見てもせいぜい六対四ぐらいの割合で、民がいつも少なかったのです。横井はそれではダメだと考えました。政府は民の幸せのお世話係に徹しなければいけないのだから、民が六を取って政府が四を取るぐらいでなければいけないと主張したのです。

横井は『大学』を非常に詳細に読み込んで、その精神を汲《く》んで、ここに記された精神こそが日本のあるべき姿だと主張していました。「徳は本なり。財は末なり」ということを非常に深く考えて、国家構想にした人でした。明治に入ってすぐ、横井は斬られて亡くなってしまいますが、あと十年生きてくれていたらと残念でなりません。

そういうわけで「是《こ》の故《ゆえ》に言《げん》の悖《もと》りて出《い》づる者《もの》は、亦悖《またもと》りて入《い》る」。「悖りて」は道理に外れた状態です。そういう道理に外れた言動をする人間には、思いがけない批判が入ってくる。「悖りて入る」は、思いもかけない批判が入って来るという意味です。これは「貨」つまり「財貨」についても同じことで、「貨《か》の悖《もと》りて入《い》る者《もの》は、亦悖《またもと》りて出《い》づ」道に背いて入って来た財貨は、また思いがけないことで出ていってしまう。「悪銭身につかず」という言い伝えもあるように、道理に反して売り上げが上がったとしても、それは自分の身につかないということです。

●傲慢・不善な振る舞いをするトップは天命を失う

今度は第六段第三節に入りたいと思います。まずは読んでみましょう。

康誥《こうこう》に曰《いわ》く、惟《こ》れ命《めい》は常《つね》に于《お》いてせず、と。善《ぜん》なれば則《すなわ》ち之《これ》を得《え》、不善《ふぜん》なれば則《すなわ》ち之《これ》を失《うしな》ふを道《い》ふ。楚書《そしょ》に曰《いわ》く、楚国《そこく》は以《もっ》て宝《たから》と為《な》す無《な》し。惟《た》だ善以《ぜんもっ》て宝《たから》と為《な》すのみ、と。舅犯曰《きゅうはんいわ》く、亡人《ぼうじん》は以《もっ》て宝《たから》と為《な》す無《な》し。仁親以《じんしんもっ》て宝《たから》と為《な》す、と。

まず「康誥《こうこう》に曰《いわ》く」ですが、これは度々説明していますように、『書経』の康誥篇に出てくる文章を引用しているということです。

そこに「惟《こ》れ命《めい》は常《つね》に于《お》いてせず」と書かれている。トップに就くのは天の命令によります。当然、優秀だからトップに就くのですが、逆に言うと、優秀だから必ず全員がトップに就けるかというとそうではありません。私の周りにも、「この人が次期社長だろう」と思われる優秀な人物はたくさんいましたが、トップに就けないまま会社を離れて違う道へ行く人が少なくありませんでした。

では、なぜ実力者がトップに就けるのかというと、そこに天命が働いているからです。天命なくしてトップに就任することはできないし、就任した後も順調に物事が進むことはないのです。ゆえに、天意、天の意向をうかがうことが非常に重要なのです。

しかし、「常に于いてせず」いつまでも天命があるわけではない、ということです。最初はよかったけれど、トップに就いた途端、人間として評価できないような傲慢不遜な態度や生活になってしまえば、天命が「これはダメだ」と言って次の人を指名することもあります。そこを忘れてはいけない、と言っています。常に自分に天命が向いているかどうかを確かめていくことがトップに座る人間の道理であり、常識だということです。

次に「善《ぜん》なれば則《すなわ》ち之《これ》を得《え》、不善《ふぜん》なれば則《すなわ》ち之《これ》を失《うしな》ふを道《い》ふ」とあります。徳がしっかり発揮されているのが善です。そういう善を発揮していれば、天命はずっとつながなく自分に向けられています。しかし、不善に反転した直後から天命を失うことになってしまう。天の助けがないと、運が向いてこない。天が応援してくれているからこそ、自分が願うことが自分の努力以外の働きによって叶えられていくのです。言い換えれば、それは運が強いということです。

前にもお話ししましたが、松下幸之助さんは、「経営者の条件はなんですか」という私の質問に、「それは運が強いことだ」と答えました。運が強くなければトップとしてもたないのです。ですから、天から応援を受けるということは、トップにいる人間が一番に目指さなければならないことです。

では、なぜ天が応援し続けるかと言えば、善なるもの・徳を発揮しているからです。善・徳をよく発揮しているほど、天命は続くのです。しかし、不善になれば、天命は他の人に降ることになるわけです。

次に「楚書《そしょ》に曰《いわ》く、楚国《そこく》は以《もっ》て宝《たから》と為《な》す無《な》し。惟《た》だ善以《ぜんもっ》て宝《たから》と為《な》すのみ」とあります。

中国に『国語』という春秋時代の歴史をまとめた古典があります。これも非常に有益な古典です。著者は『春秋左氏伝』を書いた左丘明《さきゅうめい》と言われています。『春秋』は孔子が編纂したとされる春秋時代の歴史書ですが、これには『春秋左氏伝』『春秋公羊伝《くようでん》』『春秋穀梁伝《こくりょうでん》』という三つの注釈書があります。このうち、左丘明が説いた『春秋』を『春秋左氏伝』と言うわけです。

『国語』は、この左丘明がまとめたとされます。なぜこういう名前がついたかと言うと、当時のいろいろな国の出来事や人物の言動がその国の言葉でまとめられているからです。その『国語』の中に、楚という大きな国について書かれている篇がありました。それを「楚書」と言います。その中に、「楚国は以て宝と為す無し。惟だ善以て宝と為すのみ」という言葉がありま す。これは、「楚の国には宝というようなものはない。ただ、善が宝なのだ」という意味です。宝石や豪勢な邸宅などは宝とはなさない。唯一、人間の善良なる心こそが宝なのだと言っているのです。

また「舅犯《きゅうはん》曰《いわ》く、亡人《ぼうじん》は以《もっ》て宝《たから》と為《な》す無《な》し。仁親《じんしん》以《もっ》て宝《たから》と為《な》す」と。

春秋時代に大国であった晋に文公という名君がいました。この文公は若い頃、重耳《ちょうじ》という名でした。いろいろな小説になっている有名な人です。重耳は若い頃、迫害を受けて十九年間も諸国を転々とし、その後、祖国に帰って文公となりました。文公には重耳の時代からずっとついていた舅犯という部下がいました。舅犯はいつも重耳に対して「あなたのような祖国を失って亡命中の人は、宝石や金目のものを宝として欲しがってはいけません。あなたが欲しがらなければいけないのはただ一つ、それは他者から受ける思いやりや親愛の情です」と言っていたというのです。

●世話焼き人のいる組織にはチャンスがたくさん転がっている

秦誓《しんせい》に曰《いわ》く、若《も》し一个《いっか》の臣《しん》、断断兮《だんだんけい》として他《た》の技《わざ》無《な》きも、其《そ》の心《こころ》休 休《きゅうきゅう》焉《えん》として其《そ》れ容《い》るる有《あ》るが如《ごと》き有《あ》らんか。人《ひと》の技《わざ》有《あ》るは、己《おのれ》之《これ》を有《ゆう》するが若《ごと》くし、人《ひと》の彦聖《げんせい》なるは、其《そ》の心《こころ》之《これ》を好《この》む。啻《ただ》に其《そ》の口《くち》より出《い》づるが若《ごと》くするのみにあらず、寔《まこと》に能《よ》く之《これ》を容《い》れて、以《もっ》て能《よ》く我《わ》が子孫《そん》を保《やす》んずれば、黎民《れいみん》も尚《な》ほ亦《また》利《り》有《あ》らんかな。

人《ひと》の技《わざ》有《あ》るは、媢嫉《ぼうしつ》して以《もっ》て之《これ》を悪《にく》み、人《ひと》の彦聖《げんせい》なるは、之《これ》に違《たが》ひて通《つう》ぜざらしむ。寔《まこと》に容《い》るる能《あた》はずして、以《もっ》て我《わ》が子孫《しそん》を保《やす》んずる能《あた》はざれば、黎民《れいみん》も亦《また》曰《ここ》に殆《あやう》いかな、と。

唯仁人《ただじんじん》は之《これ》を放流《ほうりゅう》し、諸《これ》を四夷《しい》に迸《しりぞ》けて、与《とも》に中国《ちゅうごく》を同《おな》じくせず。此《これ》を唯仁人《ただじんじん》のみ能《よ》く人《ひと》を愛《あい》し、能《よ》く人《ひと》を悪《にく》むと為《な》すと謂《い》ふ。

第六段第三節の続きを読みます。今度は「秦誓《しんせい》に曰《いわ》く」と。これも『書経』秦誓篇からの引用ですが、そこにこういう逸話があります。

「若《も》し一个《いっか》の臣《しん》、断断兮《だんだんけい》として他《た》の技無《わざな》きも」普通の一人の人間がいた。「断断兮」は「誠実さ」を表す形容詞です。この人は誠実なだけが取り柄で、他に格別の技能があるわけではなかったが、「其《そ》の心《こころ》休《きゅう》休焉《きゅうえん》として」その心は「休休焉」寛大で邪悪なものが何もなく、分け隔てなく、「其《そ》れ容《い》るる有《あ》るが如《ごと》き有《あ》らんか」それは天下のものをすべて包含《ほうがん》してしまうようであった。つまり、別にこれと言った技能はないけれど、とても素晴らしい心の持ち主が、今、ここに一人います、と言っているのです。

その人は「人《ひと》の技有《わざあ》るは、己之《おのれこれ》を有《ゆう》するが若《ごと》くし」他人に技能があれば、自分がそれを持っているかのように賞賛をした。「あなたのような技能の持ち主は得難いですよ」「ぜひ良いことにその技能を使ってください」というように称賛したわけです。さらに、「人《ひと》の彦聖《げんせい》なるは、其《そ》の心之《こころこれ》を好《この》む」善良な人がいれば「この人は心から善良な人です」と他人に推薦し、本人にもそう言った。「啻《ただ》に其《そ》の口《くち》より出《い》づるが若《ごと》くするのみにあらず、寔《まこと》に能《よ》く之《これ》を容《い》れて」ただ素晴らしい素晴らしいと言っているだけではなくて、自分の心の内に入れて、なんとかその人の善良さを活かすポジションに就けるように一所懸命サポートをした。

そういう人ですから、いろんな技能の持ち主が「私が今日あるのは、あの人のお陰です」と感謝するようになります。すると、「以《もっ》て能《よ》く我《わ》が子孫《しそん》を保《やす》んずれば」彼の持っていた精神が子どもに伝わり、孫に伝わり、子孫がその良さを大切に伝えていけば、「黎民《れいみん》も尚《な》ほ亦《また》利《り》有《あ》らんかな」その国の多くの人が良いことを受けることになる。

つまり、国家というものは、自分は大した技能を持っていなくても、技能を持っている人を賞賛して、なんとか良いポジションに就けてチャンスを与えようとする人がいるだけでもうまくいく、と言っているのです。

私は二千社あまりの会社を見てきましたが、まさに会社というのはそういうもので、世話焼き人がいる会社といない会社では、技能を発揮するチャンスが全く違ってきます。

ここから反転して、今度は今とは正反対の人間について言います。

「人《ひと》の技《わざ》有《あ》るは、媢嫉《ぼうしつ》して以《もっ》て之《これ》を悪《にく》み、人《ひと》の彦聖《げんせい》なるは、之《これ》に違《たが》ひて通《つう》ぜざらしむ」他人に技能があることを妬《ねた》み嫉《そね》み、善良な他人を見ると足を引っ張って邪魔をして、その人を認めてくれる人が出てこないようにする。そういう人間は「寔《まこと》に容《い》るる能《あた》はずして、以《もっ》て我《わ》が子孫《しそん》を保《やす》んずる能《あた》はざれば、黎民《れいみん》も亦曰《またこ》に殆《あやう》いかな」寛容さがこれっぽっちもないから、そういう悪い伝統が子どもにも孫にも伝わって、国はとても悪いものになってしまう、と。

では、こういう人をどうしたらいいのかというと、「唯仁人《ただじんじん》は之《これ》を放流《ほうりゅう》し、諸《これ》を四夷《しい》に迸《しりぞ》けて、与《とも》に中国《ちゅうごく》を同《おな》じくせず」。そこで重要なのは「仁人」なのです。「仁人」とは、他人への思いやり・愛を持っている人ですが、もう一つ、末端まで血が通っている人という意味もあります。「仁」には「つながり」とか「行き渡る」という意味もあるのです。

漢方で「不仁」という症状があります。これは脳卒中などで倒れて、手足の動きが不自由なことを言います。会社なども、全員があたかも一人の人間のように動かなければうまくいきません。創業者は最初、自分一人ですべてやるわけですが、社員が増えれば増えるほど動きがバラバラになってしまいます。いわゆる大企業病です。全体が一人の人間のように動くためには、末端まで血が通っていなければなりません。「仁人」にはそんな意味もあります。

そういう「仁人」は、全体の意思疎通を阻んでいる人を放流する。つまり、他人の善を入れられない人、それから他人の技能を嫉妬するような人は、「うちには向かない」と言って外に出してしまい、「諸を四夷に迸けて」遠くの未開の地に退けて、「与に中国を同じくせず」同じ国には住まない。そういう人間を国に置いておくと他人の迷惑になるから、未開の地に飛ばして、そこでしっかり心を入れ替えさせると言っているわけです。

「此《これ》を唯仁人《ただじんじん》のみ能《よ》く人《ひと》を愛《あい》し、能《よ》く人《ひと》を悪《にく》むと為《な》すと謂《い》ふ」思いやりや他人への愛情があり、世の中のつながり、人と人とのつながりを大切にする人だけが、人を愛することもできるし、その愛する人を妨害するような人を憎む気持ちも強いのだ、と言っています。

たとえば自分の会社で不祥事を起こした人を社会に出すと、社会の迷惑になりかねません。これについて松下幸之助さんの有名な逸話があります。会社の中で不祥事を働いた人間をどうしようかとなったとき、みんなは「クビにして退職してもらうべきではないか」と言いました。そのときに一人、松下幸之助さんだけは、「いや、それはいかん。クビにするというのは、そういう人間を社会に放つことだ。松下電機は、せっかく有能な良い商品を社会に出しているのだから、一人でもそういう人間を出しちゃいかん。是非、その人間は私の手元に置こう」と言って、松下幸之助係として手元に置いて諄々と説いていったところ、やがてその人が有能な人間に変わって役員にまでなったというのです。これは「仁人」ならではの思いやりであり、血の通った対処法だと言っていいでしょう。

●君子の大道とは悪を憎んで駆逐し、善を引き上げて増加させること

賢《けん》を見《み》て挙《あ》ぐる能《あた》はず、挙《あ》ぐるも先《さき》にする能《あた》はざるは、命《なおざり》（＝慢）なり。不善《ふぜん》を見《み》て退《しりぞ》くる能《あた》

はず、退《しりぞ》くるも遠《とお》ざくる能《あた》はざるは、過《あやまち》なり。人《ひと》の悪《にく》む所《ところ》を好《この》み、人《ひと》の好《この》む所《ところ》を悪《にく》む、是《これ》を人《ひと》の性《せい》に払《もと》ると謂《い》ふ。菑《わざわい》必《かなら》ず夫《そ》の身《み》に逮《およ》ぶ。是《こ》の故《ゆえ》に君子《くんし》に大道有《たいどうあ》り。必《かなら》ず忠信以《ちゅうしんもっ》て之《これ》を得《え》、驕泰以《きょうたいもっ》て之《これ》を失《うしな》ふ。

次の段落では「賢《けん》を見《み》て挙《あ》ぐる能《あた》はず」賢者がいるのに登用されず、有意な人間がただ悶々としていることは許されないし、「挙《あ》ぐるも先《さき》にする能《あた》はざる」登用したのに重用しようとしないというのは、「命《なおざり》（慢）なり」怠慢だ、と言っています。ですから、組織をよくする、世の中をよくするには、誰かが世話焼き人となって、有能な人間がいればチャンスが与えられるように一所懸命働きかけることが大事だというわけです。

それとは反対に、「不善《ふぜん》を見《み》て退《しりぞ》くる能《あた》はず」良くない人間を見ても、その人を退けられない。その人をなかなか退けられないというのは、その人の心を変えられないという意味でもあります。また、「退《しりぞ》くるも遠《とお》ざくる能《あた》はざる」退けても遠ざけることができないとすれば、「過《あやまち》なり」それは過ちである。

これは先に言ったように、自分の目の前から追放しても国にいる限り国は迷惑するわけですから、結局、そういう人は自分の手元に置いて心を入れ替えさせるしかないということになります。

そこで本題に入って考えてみれば、「人《ひと》の悪《にく》む所《ところ》を好《この》み、人《ひと》の好《この》む所《ところ》を悪《にく》む、是《これ》を人《ひと》の性《せい》に払《もと》ると謂《い》ふ」人が良くないと言うことを好み、人が良いことだと言うことを憎むというような通常とは反対の心を持っている人は、人間の生まれ持った本性に悖っている、と。人間は善良な心を持って生まれてきたという解釈がありますから、それに反することは本性に悖ることになるのだと言っているわけです。

そういう人も生まれてすぐは善良な部分を持っていたのですが、育つ過程で変わってしまったわけです。ですから、生まれたときの心に戻してやるのが社会の務め、あるいは上司の務めなのだと言っているわけです。それが社会教育であり、職場教育の役割なのです。「菑《わざわい》必《かなら》ず夫《そ》の身《み》に逮《およ》ぶ」そういう問題を軽視して積極的に変えていこうとしなければ、災いがその身に及ぶことになりますよ、と。

そして最後に「是《こ》の故《ゆえ》に君子《くんし》に大道《たいどう》有《あ》り。必《かなら》ず忠信以《ちゅうしんもっ》て之《これ》を得《え》、驕泰以《きょうたいもっ》て之《これ》を失《うしな》ふ」という有名な言葉が出てきます。「大道有り」というのは、「最上の法則がある」と言っているわけです。人間として悪は憎んで駆逐し、善は引き上げて増加させる。それが君子の大道だと言っているのです。「忠信」真心を尽くせば必ず人々の心を得ることができるし、「驕泰」おごり高ぶれば人々の信頼を失う。これも道理です。大道を守るには、忠信によって人々の心を得ることが大事で、間違っても驕泰にならないことだと言っているのです。

以上で第六段第三節の解説を終わります。ここにもいい文章が続いていましたので、何度も声に出して読んでみていただきたいと思います。

●人をなぜ教育するかという理由と方針を述べた『大学』

すでにお話ししたように、『大学』は南宋の時代の朱子がまとめたのですが、もともとの『大学』は春秋戦国時代にはできていました。しかし、その後、散逸してバラバラになってしまい、まとまった形のものは存在しませんでした。それを苦労して再編成して、我々が読めるような状態にしてくれたのが南宋の大儒でありました朱子、本名・朱熹《しゅき》です。

その朱子がどのように苦労して『大学』をまとめたのかということを述べた「大学章句」というものがあります。そこで今日は、残った時間で「大学章句」の序を読んでみたいと思います。これを読むと、『大学』がどういう変遷を経て書物になったのか、どういう想いから朱子が編纂したのかがよくわかります。それによって三綱領がまた一段と深く理解できるようになります。

まず、最初の行を読んでみます。

大学《だいがく》なる書《しょ》は、古《いにしえ》の大学《だいがく》〔にて〕、人《ひと》を教《おし》ふる所以《ゆえん》の法《ほう》なり。

今、我々が読み進めている『大学』なる書物は、昔の大学校で人を教育する理由・方針を述べたものだと言っています。一般の人は小学教育を受けましたが、人を治める立場の人をつくる大学教育では修己治人が目的とされました。その大学校で教えた内容が集積されているのが『大学』という書物です。「人《ひと》を教《おし》ふる所以《ゆえん》」人をなぜ教育するかという理由、あるいは方針を述べたものなのだということです。

蓋《けだ》し天《てん》の生民《せいみん》を降《くだ》せしより、則《すなわ》ち既《すで》に之《これ》に与《あた》ふるに仁義礼智《じんぎれいち》の性《せい》を以《もっ》てせざるは莫《な》し。然《しか》れども其《そ》の気質《きしつ》の稟《ひん》、或《あるい》は斉《ひと》しき能《あた》はず。是《ここ》を以《もっ》て皆以《みなもっ》て其《そ》の性《せい》の有《ゆう》する所《ところ》を知《し》りて、之《これ》を全《まった》くすること有《あ》る能《あた》はざるなり。一《ひと》たび聡明叡智《そうめいえいち》にして、能《よ》く其《そ》の性《せい》を尽《つ》くす者《もの》の、其《そ》の間《かん》に出《い》づる有《あ》れば、則《すなわ》ち天《てん》は必《かなら》ず之《これ》に命《めい》じて以《もっ》て億兆《おくちょう》の君師《くんし》と為《な》し、之《これ》をして治《おさ》めて之《これ》を教《おし》へ、以《もっ》て其《そ》の性《せい》に復《かえ》らしむ。此《こ》れ伏羲《ふくぎ》・神農《じんのう》・黄帝《こうてい》・堯《ぎょう》・舜《しゅん》の天《てん》を継《つ》ぎて極《きょく》を立《た》つる所以《ゆえん》にして、司徒《しと》の職《しょく》、典楽《てんがく》の官《かん》の由《よ》りて設《もう》くる所《ところ》なり。

このくだりはとても有名なところです。ここをしっかりと把握すると、『大学』そのものの意味合いをしっかり理解することにもつながります。

まず「蓋《けだ》し天《てん》の生民《せいみん》を降《くだ》せしより」とあります。先にも述べたように、天は生きとし生けるものが愉快な一生を送ること、それを促進できるような健全な社会をつくることを望んでいます。しかし、天には身体がないし、言葉を発することもできないので、自分の代わりに人間をこの天地の間に降ろしたのです。

生きとし生けるもののお世話係として降ろすのだから人間には特別に良いものを与えなければいけないというので、「之《これ》に与《あた》ふるに仁義礼智《じんぎれいち》の性《せい》を以《もっ》てせざるは莫《な》し」とあるように、人間には生まれる前から仁・義・礼・智の四徳が与えられているのです。そういう動物は人間以外にはいません。人間は天の使命を帯びて、特別な存在として降ろされたのです。ですから、この「性」は天性とか性格といったものではなくて、人間が生まれついて持っているもの、仁・義・礼・智の四徳を指しています。

「然《しか》れども其《そ》の気質《きしつ》の稟《ひん》」そうではあるけれど、仁・義・礼・智が人間ならではの性――これを本念の性と言います――である一方、生まれてから育つ過程で各人が持つ気質の性がありま す。それが「気質の稟」です。人間は本念の性を持って生まれてくるのですが、育つ過程で気質の性を持つことになるのです。その気質の性によって、本念の性が隠れてしまう場合もあります。その結果、本念の性に気づかないまま終わってしまうこともあるのだと言っているのです。ここが非常に重要なところです。

気質の性は人によって変わります。非常に清い人もいれば、濁っている人もいる。育つ過程で身についてくるものなので、良くないものが身についてしまうこともあるわけです。したがって、「斉《ひと》しき能《あた》はず」。生まれた瞬間はみんな本念の性を持って生まれて来るので同じようにいいのですが、育つ過程で気質の性が悪ければそちらが勝ってしまう場合もある。そこで区別ができてくるわけです。

したがって、「是《ここ》を以《もっ》て皆以《みなもっ》て其《そ》の性《せい》の有《ゆう》する所《ところ》を知《し》りて」人間は皆、本念の性として四徳を持って生まれてきたことを子どもに繰り返し確認しなくてはいけない。人間が他の動物となぜ違うのかと言えば、天から本念の性を受けて生まれて来るということであり、本念の性とは仁・義・礼・智の四徳であることをしっかり教えることが大事だと言っているのです。

前回、規範形成教育のお話をしたときに、慈愛と義愛が惻隠の心・羞悪の心・辞譲の心・是非の心になって、それが仁・義・礼・智になると解説しましたが、あの話をお子さんによく言って聞かせることです。それによって自分はそういう存在として生まれてきたことを知るでしょう。そして、「之《これ》を全《まった》くすること有《あ》る能《あた》はざるなり」本来であれば、完全にそういう人間になっていくことが理想ですが、現実を見ると、そうでもない人が多いと朱子は言っています。

しかし、万人に一人、本念の性も良し、気質の性も良しという人が必ず出てきます。「一《ひと》たび聡明叡智《そうめいえいち》にして、能《よ》く其《そ》の性《せい》を尽《つ》くす者《もの》」というのが、そういう人です。「其《そ》の間《かん》に出《い》づる有《あ》れば」天地の間にそういう人が出てくれば、「則《すなわ》ち天《てん》は必《かなら》ず之《これ》に命《めい》じて以《もっ》て億兆《おくちょう》の君師《くんし》と為《な》し」天は必ずこの人に「多くの人間の長になって、善良な人間をつくって、多くの人間を導いてくれ」と命じる。「億兆の君師」とは、「多くの人間の主君・教師」です。古典においては、リーダーとはリーダーシップを持つと同時に教師として下の人を教育するという任務も持っているのです。これを「君師」と言います。リーダーシップと教育係という二つの役割があるわけです。

そして「之《これ》をして治《おさ》めて之《これ》を教《おし》へ、以《もっ》て其《そ》の性《せい》に復《かえ》らしむ」。誰しも人間であれば仁・義・礼・智を持って生まれて来る。それに気づいていないだけで、持ってもいないものにそれを植え付けるわけではない。要素は十分に持っているわけですから、それを引っ張り出して、気づかせてあげるというのが教育の役割です。

「此《こ》れ伏羲《ふくぎ》・神農《じんのう》・黄帝《こうてい》・堯《ぎょう》・舜《しゅん》の天《てん》を継《つ》ぎて極《きょく》を立《た》つる所以《ゆえん》にして、司徒《しと》の職《しょく》、典楽《てんがく》の官《かん》の由《よ》りて設《もう》くる所《ところ》なり」。中国の古典において、「伏羲・神農・黄帝」は古代の三皇帝とされます。「堯・舜」はその後に出た聖天子です。これらの皇帝は「天を継ぎて」天の望みを継いでいる。

先ほどから言っているように、天は多くの人の愉快な人生と善良で健全な社会を望んでいます。人間はその思いを継がなければいけないのです。それが「天を継ぐ」ということです。次の「極を立つる」の「極」とは「模範」ですから、模範となっていくことが重要だ、と。そのために「司徒の職、典楽の官の由りて設くる所なり」。司徒の職は教育長長官と言っていいでしょう。「典楽の官」とは礼楽（礼儀と音楽）を専門にやる人。「典楽の官」も教育係です。そういうものを設けたというわけです。

●「清掃・応対・進退の節」を子どもに教える意義

三代《さんだい》の隆《りゅう》には、其《そ》の法寖々備《ほういよいよそな》はる。然《しか》る後王宮《のちおうきゅう》・国都《こくと》より以《もっ》て閭巷《りょこう》に及《およ》ぶまで、学《がく》有《あ》らざるは莫《な》し。人生《ひとうま》れて八歳《はっさい》なれば、則《すなわ》ち王公《おうこう》より以下庶人《いかしょじん》に至《いた》るまでの子弟《してい》は、皆小学《みなしょうがく》に入《い》る。而《しか》して之《これ》に教《おし》ふるに灑掃《さいそう》・応対《おうたい》・進退《しんたい》の節《せつ》、礼《れい》・楽《がく》・射《しゃ》・御《ぎょ》・書《しょ》・数《すう》の文《ぶん》を以《もっ》てす。其《そ》の十有五年《じゅうゆうごねん》に及《およ》べば、則《すなわ》ち天子《てんし》の元子《げんし》、衆子《しゅうし》より、以《もっ》て公卿《こうけい》・大夫《たいふ》・元士《げんし》の適子《てきし》に至《いた》るまでと、凡民《ぼんみん》の俊秀《しゅんしゅう》とは、皆大学《みなだいがく》に入《い》る。而《しか》して之《これ》に教《おし》ふるに理《り》を窮《きわ》めて心《こころ》を正《ただ》し、己《おのれ》を修《おさ》め人《ひと》を治《おさ》むるの道《みち》を以《もっ》てす。

此《こ》れ又学校《またがっこう》の教《おしえ》、大小《だいしょう》の節《せつ》の、分《わ》かるる所以《ゆえん》なり。

この「三代《さんだい》」とは、夏・殷・周のことです。古代の最初の国家が夏王朝、その次が殷王朝、それから周王朝です。理想的な国家が三代続いた、その隆盛の時代を「三代の隆《りゅう》」と言います。その隆盛の時代には、「其《そ》の法寖々備《ほういよいよそな》はる」教育方針がいよいよ完備されて、「然《しか》る後王宮《のちおうきゅう》・国都《こくと》より以《もっ》て閭巷《りょこう》に及《およ》ぶまで」。この「王宮」とは「天子の都」、「国都」は「諸侯」、今でいえば「県」にあたります。「閭巷」は「村里」、つまり一般民衆の住まうところです。つまり、都から村里まで、「学有《がくあ》らざるは莫《な》し」学校が次々と建設されていった。「人生《ひとうま》れて八歳《はっさい》なれば」、ここには八歳とありますが、今で言うと六歳です。「則《すなわ》ち王公《おうこう》より以下庶人《いかしょじん》に至《いた》るまでの子弟《してい》は、皆小学《みなしょうがく》に入《い》る」君主の子どもから一般家庭の子どもに至るまで、皆、小学に入った。

この小学では何を教えたかというと、今のように知識を教えたのではなくて、「灑掃《さいそう》・応《おう》対《たい》・進退《しんたい》の節《せつ》」を教えました。これはすごく重要なことです。

まず「灑掃」とは「清掃」の意味です。清掃には教育的効果が非常にあると言われています。清掃の良いところは三つあります。第一は、整理整頓能力を養うことができる点です。整理整頓能力がなぜ重要かと言えば、大人になってリーダーになって一日のうちに二十も三十も問題が降って来たときに、それに対処する能力が求められるからです。そのためには子どもの頃から整理整頓の能力をしっかり植え付けておくことが大事なのです。成人してからそういうものを植え付けようとしても追いつきません。

今どきの人は、あちこちから問題が来るとアップアップしてしまいます。それをキャパ（シティ）が狭いと言うようですが、実はキャパが狭いのではなくて整理整頓能力がないのです。整理整頓能力とは、多数の問題を同じ類にまとめて区分することです。たとえば会社にはたくさんの問題がやって来ますが、「これは生産の問題、これは営業の問題、これは規格の問題」とまとめてみれば、三つ、四つの問題に整理することができます。すると、三、四回、関連する部門の長とやり取りをすればすべて解決するのです。ところが、整理整頓能力がない人は問題が来た順番から一つずつ解決しようとするから、何度も何度もやり取りをしなくてはならなくなって、「あいつはキャパが狭い」と言われてしまうことになるわけです。

目の前にあるものの整理整頓の習慣を身につけることが大事になるのです。皆さんも、お子さん、お孫さんには、目の前の整理整頓、自分の部屋の整理整頓から教えてあげてください。学校で使うもの、塾で使うもの、遊びで使うもの、スポーツで使うものというようにまとめさせると整理整頓能力がつきますし、大人になってもしっかりとした整理整頓能力の持ち主になります。頭のいい人は話がうまいと言われますが、これも整理整頓能力があるから、何かを話すときにも整理された話ができるのです。

整理整頓能力は、小学校の一年から三年くらいの時期に培うのがいいのです。子どものうちに、幼年期に教えなければいけません。今は家庭でも学校でも教えていませんが、本当に大事なことです。

清掃の良いところの二つ目は、すがすがしさを感得できるという点です。夏で言えば、庭や玄関を掃かせて打ち水をすると、「良い空気が流れて来た」と子どもたちは言います。そういう清々しさを知っている子は、大切なところはすべて清々しくするという心になります。伊勢神宮などは最も清々しい場所ですが、人間が大切にしている場所は清々しいということを体験させることが大切です。それを清掃によって養うことができます。こういう清々しさは、体験したことのない子にいくら説明しても理解させることはできません。

清掃のいいところの三つ目は、愛着心を育てることができる点です。私たちが子どもの頃は長い廊下をずっと拭き掃除させられたものです。それによって学校への愛着心が養われました。あるいは、イチロー選手はみんなの来る一時間前に球場に入ってグラブを一時間磨いていたそうです。なぜ磨くのかというと、「野球に対する情熱を失いたくないから」と答えました。そういうことが愛着心につながるのです。今は何につけても愛着心のない子が多いのです。だから、何事も熱心に取り組もうとしない。これは清掃によって磨くということをさせなくなったからです。

以上、「灑掃」つまり清掃の大事な点を三つ挙げました。

次は「応対」です。これは「応対辞令」です。これが上手か下手かによって社会人としての評価は大きく変わります。

子どもに応対を教えるときに第一にしなければならないのは、「返事・挨拶」をちゃんとさせることです。「何々ちゃん」と名前を読んだときには「はい」と答えさせる。それから、「おはようございます」「行ってまいります」という挨拶をちゃんとさせる。それが応対能力の養成につながります。応対能力の高い人が社会人として合格の人です。たとえば「あそこの区役所の窓口はなってないよね」と言われるとしたら、その窓口の人の応対能力に問題があるからです。応対能力は、どういう商売でも仕事でも大事です。役人でも医者でも、応対能力がなければどうしようもありません。その出発点は、挨拶と返事にあるのです。

それからもう一つ大事なのは「伝言」です。たとえば、お母さんが留守のときに隣のおばさんが来ました。「ごめんください。お母さんおられる?」「今、出かけています」「あ、そう。それじゃあ、お母さんがお帰りになったら、隣のおばさんが来て、『明日の九時から町内の掃除があるので是非ご参加ください』って言っていたと伝えておいてね」と言われたときに、子どもがそれを復唱するわけです。「隣のおばさんがおいでになって、『明日の九時から町内掃除があるので伝えてほしい』とおっしゃったと申し伝えます。ありがとうございました」と。そういうことが子どもの頃からできる子は、大人になってもしっかりとした応対ができます。そして、手紙がうまくなるのです。

江戸の当時は、習字の時間に「富士山」とか「青い空」というような意味のない言葉を書かせるようなことはしませんでした。何を書き写させたかというと、良い文章の手紙を書き写させました。当時は、そういう手紙がまとめられた教科書がありました。「往来物」と言って、手本になる手紙が三千種類くらい載っていました。

たとえば、「何々ちゃんのうちはどういうご商売？」「魚屋です」と言えば、魚屋往来という手本を書き写させたのです。そこには「昨日は鯛一尾、申し受け候。まことに有り難く」というような文章が書いてあります。それを書き写すことによって、子どもは「鯛は一匹って数えるんじゃなくて一尾って言うのか」と理解するのです。手本を書き写しているうちに、魚屋さんにとってのビジネス用語がわかるようになるのです。

そして手紙を書き写すと挨拶がうまくなります。大人になって「ちょっとご挨拶をお願いします」と言われたときに、良い挨拶ができるようになります。これは幼年教育の成果です。これが「応対」ということです。

三番目の「進退の節」とは、辞め時をきちんとすることです。今、進退問題を処するのが下手な人が増えています。辞めなくていいときに辞めてみたり、タイミングを逃して「今頃になって辞めるの?」と言われてみたり、実に下手です。それは子どものときから辞め時の訓練をしていないからです。

では、昔はどうやって訓練させたのでしょうか。たとえば、「何々ちゃん、ごはんよ」と声をかけても、みんなで遊んでいるから来ないとします。二回目に「何々ちゃん、ごはんよ」と言っても、まだ来ない。三回目に「何々ちゃん、ごはんよ」と言われると、子どもは三回呼ばれて行かないと悪いかなと思って、「ごはんだって言っているから帰るね」と言って帰って来ます。ところが、家に帰って見たらテーブルの上には何もない。「あれ? 私のごはんは?」「いらないんでしょ。二回呼んでも来なかったってことは、いらないってことだからね」と。ここから子どもは、二回呼ばれて遊びを辞めないのはタイミングが悪いということを体得するわけです。

それと同時に、子どもは一回呼ばれたときに、どうやって遊びから抜けるか、その算段を考え始めます。たとえば四人でやるゲームをしていると、自分が抜けてしまうとゲームが成り立たないから抜けるのが難しい。そういうときに、「なんて言おうかな」と考えて、うまく抜けるタイミングを身につけていくのです。子どもの頃からそういう訓練をしていたから、昔の人は辞め方が上手だったのです。

以上が「灑掃・応対・進退の節」です。江戸時代にはそれを小学校で教わっていたのです。

●教育とは物事の道理を窮めることを言う

次に、「礼《れい》・楽《がく》・射《しゃ》・御《ぎょ》・書《しょ》・数《すう》の文《ぶん》を以《もっ》てす」とあります。礼儀・音楽・弓・御馬・書・数学の六つを六芸と言います。東洋で教養と言えば、この六芸を指しました。子どものうちからこれらをしっかりやらせておくと、卓越した大人になれるのです。大人になってからでは遅い。子どものうちに種をまいておかなければ大きくはならない、というのは江戸の教育の基本でした。

続きを読んでいきましょう。

「其《そ》の十有五年《じゅうゆうごねん》に及《およ》べば」の「十有五」は「元服」を表しています。「則《すなわ》ち天子《てんし》の元子《げんし》、衆子《しゅうし》より、以《もっ》て公卿《こうけい》・大夫《たいふ》・元士《げんし》の適子《てきし》に至《いた》るまでと、凡民《ぼんみん》の俊秀《しゅんしゅう》とは、皆大学《みなだいがく》に入《い》る」の「天子の元子」とは「王子」のこと、「衆子」は「一般の人」、「適子」は「嫡子」で「後継ぎ」です。それから「凡民の俊秀」は「一般の優秀な人」です。これらの人たちは皆、元服すると大学に入る。江戸時代であれば藩校に入りました。そこで五経を習ったわけです。

江戸期においては、四書五経の四書は三歳で素読《そどく》を始めて百字百回で全部頭に入れました。ですから、教科書を見る必要がなかったのです。野良仕事しながらでも、「はい、孟子の一段目」と言うと、頭の中から一段目が出て来るわけです。吉田松陰の松下村塾では、晴れたら野良仕事、雨が降ったら傘貼りをしながら、みんなで四書を唱えていました。三歳で百字百回やれば、子どもは全部覚えてしまうのです。

その四書のうちで最初に習ったのが、この『大学』でした。三歳になると、子どもは『大学』を繰り返し素読して頭に入れました。すぐに覚えて言えるようになるのですが、意味はわかりませんでした。

六歳になって寺子屋や藩校に通うようになると、小学校一年の一学期の最初の授業が「大学の道は明徳を明らかにするなり」から始まります。そこで初めて先生から意味を教わると、子どもたちは「そんなにすごいことが頭に入っていたんだ」と驚いて、親に自慢したくて急いで家に帰りました。

お母さんに「今日はすごいことを習った。明明徳というのはこういう意味だった」と報告すると、お母さんも同じ体験をしていますから、「ああ、そうだね、よかったね」と褒めてもらえる。ですから、子どもは学校に行きたくてしょうがないのです。毎日、すごいことが頭に入っていたことに気付いて興奮して家に帰って来る。それが江戸時代の教育だったのです。

次に「而《しか》して之《これ》に教《おし》ふるに理《り》を窮《きわ》めて心《こころ》を正《ただ》し」とあります。が、「教ふるに理を窮めて」道理を窮めるのが教育なのです。道理が通る発言ができない人は、「あの人、言っていることがおかしいね」「なんか自分勝手に言っているだけじゃない？」ということになりますが、道理をわきまえた人が話すと、みんなが納得します。「理を窮めて」とはそういうことです。「心を正し」は、前にお話しした「この線で止まれ」ということです。心に規範がしっかり植え付けられているということです。それが、この『大学』の大本である「己を修めて人を治めるの道を以てす」という「修己治人」の道理になるわけです。

「此《こ》れ又学校《またがっこう》の教《おしえ》、大小《だいしょう》の節《せつ》の、分《わ》かるる所以《ゆえん》なり」小学校から大学まで分かれているのは、こういう意味があるのだ、と。その意味合いをしっかり知ってくださいと言っているわけです。

●理想の社会には理想の教育がある

夫《そ》れ学校《がっこう》の設《もうけ》、其《そ》の広《ひろ》きこと此《か》くの如《ごと》く、之《これ》を教《おし》ふるの術《じゅつ》、其《そ》の次第《しだい》・節目《せつもく》の詳《つまびら》かなること又《また》此《か》くの如《ごと》きを以《もっ》てし、而《しか》して其《そ》の教《おしえ》を為《な》す所以《ゆえん》は、則《すなわ》ち又皆之《またみなこれ》を人君《じんくん》の躬行《きゅうこう》して心得《しんとく》せるの余《よ》に本《もと》づけて、之《これ》を民生日用《みんせいにちよう》の彝倫《いりん》の外《そと》に求《もと》むるを待《ま》たず。是《ここ》を以《もっ》て当世《とうせい》の人《ひと》、学《まな》ばざるは無《な》く、其《そ》の焉《ここ》に学《まな》ぶ者《もの》は、以《もっ》て其《そ》の性分《せいぶん》の固有《こゆう》する所《ところ》、職分《しょくぶん》の当《まさ》に為《な》すべき所《ところ》を知《し》りて、各々《おのおの》俛焉《べんえん》として以《もっ》て其《そ》の力《ちから》を尽《つ》くす有《あ》るにあらざるは無《な》し。

此《こ》れ古昔《こせき》の盛時《せいじ》の、治《ち》は上《かみ》に隆《さか》んに、俗《ぞく》は下《しも》に美《び》にして、後世《こうせい》の能《よ》く及《およ》ぶ所《ところ》に非《あら》ざる所以《ゆえん》なり。

「夫《そ》れ学校《がっこう》の設《もうけ》、其《そ》の広《ひろ》きこと此《か》くの如《ごと》く」学校では、人生をよりよく生きるうえで必須とされるものをあまりあるぐらいに教えた。「之《これ》を教《おし》ふるの術《じゅつ》、其《そ》の次第《しだい》・節目《せつもく》の詳《つまびら》かなること又《また》此《か》くの如《ごと》きを以《もっ》てし」今まで説明してきたことや規範形成教育を見てもわかるように、その教育方法は、なぜ必要なのかという理由や細かなところまで詳しく教えるというものでした。

「而《しか》して其《そ》の教《おしえ》を為《な》す所以《ゆえん》は」なぜそんなことまで教えるかと言えば、「則《すなわ》ち又皆之《またみなこれ》を人君《じんくん》の躬行《きゅうこう》して心得《しんとく》せるの余《よ》に本《もと》づけて」と、すごいことが書いてあります。

先にも言いましたが、人間は誰でも本念の性を持って生まれてきますが、気質の性でおかしな人間になってしまう人もいます。でも、中には、本念の性も気質の性も素晴らしいという人もいるのです。「あなたはリーダーになって多くの人をリードしてください」と天から託されて「人君」人の君子になる人は、生まれた後も正しく生きているのです。その人がどう生きてきたかということを「躬行」と言います。今はあまり使いませんが、明治時代には実践躬行とよく言いました。躬行には一人でも実践するという意味があるのです。そのような人の君子となる人が生まれてから今日までやってきたことをすべて明らかにして、自分が会得してきたことを道理として「本づけ」る。架空の根本がないようなことを押し付けるのではなくて、「この人君を見てくれ、典型例がここにいるじゃないか。こういう立派な人になるためには、これをやらなければいけないんだ」というように、立派な人をお手本として教育を行うということです。

「之《これ》を民生日用《みんせいにちよう》の彝倫《いりん》の外《そと》に求《もと》むるを待《ま》たず」そんなことを知っていて役に立つのか、知っている必要があるのかというようなことは教えない。長い人生で必ず必要になることだけを教える。それが「民生日用の彝倫」です。そういうことを教えなければいけない。

「是《ここ》を以《もっ》て当世《とうせい》の人《ひと》、学《まな》ばざるは無《な》く、其《そ》の焉《ここ》に学《まな》ぶ者《もの》は、以《もっ》て其《そ》の性分《せいぶん》の固有《こゆう》する所《ところ》」夏・殷・周の人々は、良い人生を送るための秘訣、必須事項を学ばない人はいなかった。「性分」は、本念の性である四徳のこと。学んだことにより、その四徳を「ああ、自分も持っていた」と確認するというのが、教育の最大の使命なのです。

そういうことがわかった人が、社会に出ていろんな職責を負うと、「職分《しょくぶん》の当《まさ》に為《な》すべき所《ところ》を知《し》りて」自分の職を全うするために何をしなければいけないかということを知っているから、「各々俛焉《おのおのべんえん》として以《もっ》て其《そ》の力《ちから》を尽《つ》くす有《あ》るにあらざるは無《な》し」。「俛焉」とは「務める」ということ。これだけのことをすべて身につけた人間が、徹底して社会を良くしようとし、人間が満足するように力を尽くそうとしているのだから、悪くなりようはずがないではないか、と言っています。

そして「此《こ》れ古昔《こせき》の盛時《せいじ》の、治《ち》は上《かみ》に隆《さか》んに、俗《ぞく》は下《しも》に美《び》にして」と。「古昔の盛時の」昔の政治が道理を貫いていたときのように。政治とは道理が通る社会をつくることです。道理が通らないのは一番やるせない。「正しいと思ってやっているのに、どうしてダメなんですか」と言ったときに、「国の決まりが変わって、これからそういうのはダメになった」と言われるのは、実にやるせないことです。

しかし、今の世界を見ていても、トップの意向で法律が変わったりする国ばかりです。そういう道理が通らない社会は恐ろしい。だから、「治《ち》は上《かみ》に隆《さか》んに」道理を通すのが政治なのだということ。しかし、政治が道理を通しても下にいる国民が道理とは何かがわからなければ意味がないので、「俗《ぞく》は下《しも》に美《び》にして」ということが大切になる。要するに、醸し出す風俗は人間としての美しさを感じるような社会にしなくてはいけない、と。「後世《こうせい》の能《よ》く及《およ》ぶ所《ところ》に非《あら》ざる所以《ゆえん》なり」後世の乱れた世の中を見ると、理想の社会には理想の教育があることがわかる。そのことを知らなければいけないよ、ということです。

●孔子の時代に『大学』が成立した背景

周《しゅう》の衰《おとろ》ふるに及《およ》びて、賢聖《けんせい》の君作《きみおこ》らず、学校《がっこう》の政脩《せいおさ》まらずして、教化陵夷《きょうかりょうい》し、風俗頽敗《ふうぞくたいはい》す。時《とき》に則《すなわ》ち孔子《こうし》の聖《せい》の若《ごと》き有《あ》りしも、君師《くんし》の位《くらい》もて、以《もっ》て其《そ》の政教《せいきょう》を行《おこな》ふを得《え》ず。是《ここ》に於《おい》て独《ひと》り先王《せんおう》の法《ほう》を取《と》り、誦《しょう》して之《これ》を伝《つた》へ、以《もっ》て後世《こうせい》に詔《つ》ぐ。曲礼《きょくらい》・少儀《しょうぎ》・内則《だいそく》・弟子職《ていししょく》の諸篇《しょへん》の若《ごと》きは、固《もと》より小学《しょうがく》の支流余裔《しりゅうよえい》なり。

而《しか》して此《こ》の篇《へん》は、則《すなわ》ち小学《しょうがく》の成功《せいこう》に因《よ》りて、以《もっ》て大学《だいがく》の明法《めいほう》を著《あら》はし、外《そと》は以《もっ》て其《そ》の規模《きぼ》の大《だい》を極《きわ》むる有《あ》り、内《うち》は以《もっ》て其《そ》の節目《せつもく》の詳《しょう》を尽《つ》くす有《あ》る者《もの》なり。

今までずっと言ってきたのは夏・殷・周三代の隆盛の時代の話です。その後、紀元前七七〇年から周の力が衰えて、社会はひどい戦乱状態に陥り、春秋戦国時代が五百五十年間も続きました。そのありさまは「周《しゅう》の衰《おとろ》ふるに及《およ》びて、賢聖《けんせい》の君作《きみおこ》らず、学校《がっこう》の政脩《せいおさ》まらずして、教《きょう》化陵夷《かりょうい》し、風俗頽敗《ふうぞくたいはい》す」と。周が衰えて戦乱の時代になると、立派な人が立とうとしない。学校も政治も全く酷いものになってきて、教育が退廃して、社会的な風俗も傾き崩れた状態になってしまいました。「時《とき》に則《すなわ》ち孔子《こうし》の聖《せい》の若《ごと》き有《あ》りしも、君師《くんし》の位《くらい》もて、以《もっ》て其《そ》の政教《せいきょう》を行《おこな》ふを得《え》ず」孔子のような聖人も出てきてはいましたが、国家のトップにはなれなかったから、政治・教育の指揮を執ることはできなかった。つまり、影響を及ぼすにも限界があったわけです。

では、どうしたのでしょうか。「是《ここ》に於《おい》て独《ひと》り先王《せんおう》の法《ほう》を取《と》り、誦《しょう》して之《これ》を伝《つた》へ、以《もっ》て後世《こうせい》に詔《つ》ぐ」三代の理想的な社会ではこういうことをやったということを書物に編纂して伝えるしか方法がなかった。せいぜいそれくらいしか孔子にはできなかったのです。

「曲礼《きょくらい》・少儀《しょうぎ》・内則《だいそく》・弟子職《ていししょく》の諸篇《しょへん》の若《ごと》きは、固《もと》より小学《しょうがく》の支流余裔《しりゅうよえい》なり」は、孔子がまとめた書物の内容について言っています。つまり、「曲礼・少儀・内則」は『礼記』の中の篇ですが、『礼記』から取られて独立したのが『大学』と『中庸』ですから、それを指しています。それから、「弟子職」というのは『管子』の中にある管仲という人のことを詠んだ漢詩です。「固より小学の支流余裔なり」は、『小学』がこれらからピックアップされて独立した書物になったということ。

「而《しか》して此《こ》の篇《へん》は、則《すなわ》ち小学《しょうがく》の成功《せいこう》に因《よ》りて、以《もっ》て大学《だいがく》の明法《めいほう》を著《あら》はし」この『大学』は、『小学』がとても成功したので『大学』も書物にしっかり表そうじゃないかということになって、「外《そと》は以《もっ》て其《そ》の規模《きぼ》の大《だい》を極《きわ》むる有《あ》り、内《うち》は以《もっ》て其《そ》の節目《せつもく》の詳《しょう》を尽《つ》くす有《あ》る者《もの》なり」孔子の時代に一応形になって、詳細な『大学』というものができたのだ、と言っています。

●『大学』の衰退と復活

三千《さんぜん》の徒《と》、蓋《けだ》し其《そ》の説《せつ》を聞《き》かざるは莫《な》し。而《しか》して曾氏《そうし》の伝《でん》、独《ひと》り其《そ》の宗《そう》を得《え》たり。是《ここ》に於《おい》て伝《でん》義《ぎ》を作為《さくい》し、以《もっ》て其《そ》の意《い》を発《はっ》す。孟子《もうし》没《ぼっ》するに及《およ》びて、其《そ》の伝《でん》も泯《ほろ》ぶ。則《すなわ》ち其《そ》の書《しょ》は存《そん》すと雖《いえど》も、知《し》る者《もの》は鮮《すくな》し。

孔子には三千の弟子がいました。「三千《さんぜん》の徒《と》、蓋《けだ》し其《そ》の説《せつ》を聞《き》かざるは莫《な》し」その三千の弟子たちは皆、大昔の理想的な社会をつくったときの教育のやり方について孔子に尋ねました。「而《しか》して曾氏《そうし》の伝《でん》」その中に、孔子の高弟の曾子という人がいました。この人は曾参《そうしん》という名ですが、みんなが尊敬して曾子と呼びました。

その曾子が『大学』をとくに重視して、「独り其の宗を得たり」孔子の本旨をちゃんと伝えました。「是《ここ》に於《おい》て伝義《でんぎ》を作為《さくい》し」曾子の弟子たちが曾子から伝え聞いたものを作為して、「以《もっ》て其《そ》の意《い》を発《はっ》す」曾子が孔子から聞いた有り様を明らかにしました。

要するに、曾子が弟子たちに講義をし、みんながそれを聞いたわけです。それが孔子のお孫さんの子思に伝わり、子思の弟子の弟子である孟子が伝えたのですが、「孟子没《もうしぼっ》するに及《およ》びて、其《そ》の伝《でん》も泯《ほろ》ぶ」孟子が死んだあとは、そうやって伝わってきたものが滅んでしまいました。「則《すなわ》ち其《そ》の書《しょ》は存《そん》すと雖《いえど》も、知《し》る者《もの》は鮮《すくな》し」結果として、書だけは残ったけれど、どう読んでいいのか、何が書いてあるのかがよくわからないという残念なことになってしまったわけです。

是《これ》より以来《いらい》、俗儒《ぞくじゅ》の記誦詞章《きしょうししょう》の習《ならい》は、其《そ》の功《こう》小学《しょうがく》に倍《ばい》すれども用無《ような》く、異端《いたん》の虚無寂滅《きょむじゃくめつ》の教《おしえ》は、其《そ》の高《たか》きこと大学《だいがく》に過《す》ぐるも実無《じつな》し。其《そ》の他権謀術数《たけんぼうじゅつすう》、一切以《いっさいもっ》て功名《こうみょう》を就《な》さんとするの説《せつ》と、夫《か》の百家衆技《ひゃっかしゅうぎ》の流《りゅう》の、世《よ》を惑《まど》はし民《たみ》を誣《し》ひて、仁義《じんぎ》を充塞《じゅうそく》する所以《ゆえん》の者《もの》と、又紛然《またふんぜん》として其《そ》の間《かん》に雑出《ぞうしゅつ》し、其《そ》の君子《くんし》をして不幸《ふこう》にして大道《だいどう》の要《よう》を聞《き》くを得《え》ず、其《そ》の小人《しょうじん》をして

不幸《ふこう》にして至治《しじ》の沢《たく》を蒙《こうむ》るを得《え》ざらしむ。晦盲否塞《かいもうひそく》、反覆沈痼《はんぷくちんこ》、以《もっ》て五季《ごき》の衰《すい》に及《およ》んで、壊乱《かいらん》極《きわ》まる。

「是《これ》より以来《いらい》」孟子が死んで以来、「俗儒《ぞくじゅ》」私は儒家の思想を学んでおりますという人に限って、ただ丸覚えして言葉を知っただけで、実践も何もしていない。だから、語らせれば語れるけれど説得力がないわけです。そういう人を「俗儒」と言います。

そういう「記誦詞章《きしょうししょう》の習《ならい》は」上辺の華やかさだけの人が、「其《そ》の功《こう》小学《しょうがく》に倍《ばい》すれども用無《ような》く」教師を務めていたけれど何の益もなく、「異端《いたん》の虚無寂滅《きょむじゃくめつ》の教《おしえ》は」の「虚無」は道教、「寂滅」は仏教です。それらを「異端」と朱子は言っているわけですが、そういう異端の道教や仏教の教えは「其《そ》の高《たか》きこと大学《だいがく》に過《す》ぐるも実無《じつな》し」教えていることはすごいのだけれど、実際の人生には役立たない。

また、「其《そ》の他権謀術数《たけんぼうじゅつすう》、一切以《いっさいもっ》て功名《こうみょう》を就《な》さんとするの説《せつ》と、夫《か》の百家衆技《ひゃっかしゅうぎ》の流《りゅう》の、世《よ》を惑《まど》はし民《たみ》を誣《し》ひて」自分の出世のために売名行為を目的としていろんな学説を言う人が多くなって、世の中を惑わし民を狂わせた。彼らは「仁義《じんぎ》を充塞《じゅうそく》する所以《ゆえん》の者《もの》」仁義を説いて、かえって仁義の本質をふさいでしまうようなことをやり、「又紛然《またふんぜん》として其《そ》の間《かん》に雑出《ぞうしゅつ》し」そんな話はなかったのではないかという真偽不明のものを「昔の聖人の教えです」と言って語った。

そのため、「其《そ》の君子《くんし》をして不幸《ふこう》にして大道《だいどう》の要《よう》を聞《き》くを得《え》ず」本当の君子の大道を聞くことができなかった。「其《そ》の小人《しょうじん》をして不幸《ふこう》にして至治《しじ》の沢《たく》を蒙《こうむ》るを得《え》ざらしむ」学びたいという人たちも、本当の政治の様態とか徳の本質というものを知ることができないという不幸なことになってしまった、と。

「晦盲否塞《かいもうひそく》、反覆沈痼《はんぷくちんこ》、以《もっ》て五季《ごき》の衰《すい》に及《およ》んで、壊乱極《かいらんきわ》まる」の「晦盲」は「明らかでない」こと。「否塞」は「行われない」こと。つまり、そういう政治の様態とか徳の本質が何も明らかにならず、行われず、「反覆沈痼」全く世が廃れてしまった。「以て五季の衰に及んで、壊乱極まる」五代という一番荒れた時代になると、『大学』もへったくれもないし、『小学』もへったくれもないというようになってしまったのです。

天運《てんうん》の循環《じゅんかん》は、往《ゆ》いて復《かえ》らざること無《な》し。宋《そう》の徳《とく》は隆盛《りゅうせい》にして、治教《ちきょう》は休明《きゅうめい》なり。是《こと》に於《おい》て河南《かなん》の程氏《ていし》両夫子《りょうふうし》出《い》で、以《もっ》て孟氏《もうし》の伝《でん》に接《せっ》する有《あ》りて、実《じつ》に始《はじ》めて此《こ》の篇《へん》を尊信《そんしん》して、之《これ》を表章《ひょうしょう》す。既《すで》にして又之《またこれ》が為《ため》に其《そ》の簡編《かんへん》を次《じ》し、其《そ》の帰趣《きしゅ》を発《はっ》す。然《しか》る後《のち》に古者《いにしえ》の大学《だいがく》の人《ひと》を教《おし》ふるの法《ほう》、聖経賢伝《せいけいけんでん》の指《し》、粲然《さんぜん》として復世《またよ》に明《あきら》かなり。

しかし、「天運《てんうん》の循環《じゅんかん》は、往《ゆ》いて復《かえ》らざること無《な》し」天の運びは循環していますから、昔に帰らないということはありませんでした。「宋《そう》の徳《とく》は隆盛《りゅうせい》にして、治教《ちきょう》は休明《きゅうめい》なり」宋の時代になると、昔の徳がまた復活して、政治・教育は美しく明らかになりました。「是《こと》に於《おい》て河《か》南《なん》の程氏《ていし》両夫子《りょうふうし》出《い》で」ここにおいて河南に二人の程氏が出た。「程氏両夫子」というのは、程《てい》明道《めいどう》と程伊川《ていいせん》という一つ違いの兄弟で、朱子学の祖となりました。この「両夫子」両学者が出で、「以《もっ》て孟氏《もうし》の伝《でん》に接する有《あ》りて、実《じつ》に始《はじ》めて此《こ》の篇《へん》を尊信《そんしん》して、之《これ》を表章《ひょうしょう》す」孟子が伝えた教えを継いで、『大学』が実にすぐれたものだと気づいて尊信して、これを表に出したのです。

「既《すで》にして又之《またこれ》が為《ため》に其《そ》の簡編《かんへん》を次《じ》し、其《そ》の帰趣《きしゅ》を発《はっ》す」この文章が先じゃないか、これが次に来るのではないかというように、散逸したものをまとめて整理して、その趣意を明らかにしました。「然《しか》る後《のち》に古《いにしえ》者の大学《だいがく》の人《ひと》を教《おし》ふるの法《ほう》、聖経賢伝《せいけいけんでん》の指《し》、粲然《さんぜん》として復世《またよ》に明《あきら》かなり」このようにして、昔の人が『大学』によって人を教えたやり方、孔子・曾参から伝わった趣旨が燦然《さんぜん》と輝いて復活したのです。

これは、朱子がそのように言っているということです。

●自分の意見を加えた『大学』をまとめ、その判断を後世に委ねた朱子

次は第六段の最後です。

熹《き》の不敏《ふびん》なるを以《もっ》てすと雖《いえど》も、亦幸《またさいわい》に私淑《ししゅく》して、聞《き》く有《あ》るに与《あずか》る。顧《おも》ふに其《そ》の書《しょ》たる、猶《な》ほ頗放失《ややほうしつ》す。是《ここ》を以《もっ》て其《そ》の固陋《ころう》を忘《わす》れ、采《と》りて之《これ》を輯《あつ》め、間々亦窃《ままたひそ》かに己《おの》が意《い》を附《ふ》し、其《そ》の闕略《けつりゃく》を補《おぎな》ひ、以《もっ》て後《のち》の君子《くんし》を俟《ま》つ。極《きわ》めて僭踰《せんゆ》にして罪《つみ》を逃《のが》るる所無《ところな》きを知《し》る。然《しか》れども国家《こっか》の民《たみ》を化《か》して俗《ぞく》を成《な》すの意《い》と、学《まな》ぶ者《もの》の己《おのれ》を修《おさ》めて人《ひと》を治《おさ》むるの方《ほう》とに於《おい》ては、則《すなわ》ち未《いま》だ必《かなら》ずしも小補《しょうほ》無《な》きにあらずと云《い》ふ。淳熙己酉《じゅんききゆう》の二月《にがつ》の甲子《こうし》、新安《しんあん》の朱熹《しゅき》序《じょ》す。

「熹《き》の不敏《ふびん》なるを以《もっ》てすと雖《いえど》も」という言い方は『論語』によく出てきます。「私はそんなに大した者ではございませんが」というへりくだった表現です。「亦幸《またさいわい》に私淑《ししゅく》して、聞《き》く有《あ》るに与《あずか》る」また幸いにも両程氏に私淑して『大学』のすごさについてよくよく聞いておりました。「顧《おも》ふに其《そ》の書《しょ》たる、猶《な》ほ頗放失《ややほうしつ》す」私が思うに両程氏が整えた『大学』には、まだ放失した部分があるようでした。

「是《ここ》を以《もっ》て其《そ》の固陋《ころう》を忘《わす》れ」そこで自分の至らないことを一瞬忘れて、「采《と》りて之《これ》を輯《あつ》め、間々亦窃《ままたひそ》かに己《おの》が意《い》を附《ふ》し、其《そ》の闕略《けつりゃく》を補《おぎな》ひ、以《もっ》て後《のち》の君子《くんし》を俟《ま》つ」なんとしてもすべてを集めなければいけないと思って、「ここはこういうことを言っているのではないか」「ここにはこういう言葉を入れたほうがいいのではないか」と自分の意見を加えながら、欠けている部分を補い、「以て後の君子を俟つ」これから出て来るすぐれた人たちがそれを改めて検証してくれるのを待とうとしました。現に朱子の後に王陽明が出て来て、いろいろな新しい読み方を主張しました。それは朱子にとっても望むべきことだったわけです。

「極《きわ》めて僭踰《せんゆ》にして罪《つみ》を逃《のが》るる所無《ところな》きを知《し》る」私ごときが解釈を加えるというようなことは身分不相応であり僭越の限りであることはわかっています。「然《しか》れども国家《こっか》の民《たみ》を化《か》して俗《ぞく》を成《な》すの意《い》と」しかし、なんとしても良い国家にして、良い国民にして、良い風俗にするために、「学《まな》ぶ者《もの》の己《おのれ》を修《おさ》めて人《ひと》を治《おさ》むるの方《ほう》とに於《お》ては」修己治人の教えをここに明らかにしました。「則《すなわ》ち未《いま》だ必《かなら》ずしも小補《しょうほ》無《な》きにあらずと云《い》ふ」まだ少し補わなければいけないところもありますが、ここにようやく完備するに至りました、と。

「淳熙己酉《じゅんききゆう》の二月《にがつ》の甲子《こうし》」は淳熙十六年、一一八九年のことです。「新安《しんあん》の朱熹序《しゅきじょ》す」は新安は徽州の婺源《ぶげん》県の古名で朱熹の本籍、朱熹は朱子の本名。

朱子は七十歳まで生きました。当時としては非常に長命でした。この「淳熙己酉二月」は朱子が六十歳のときです。六十歳にしてこれだけのものを表して後世の役に立とうとしたのです。それを思うと、まだまだ私もお粗末な人間ではありますが、改めて、しっかりこういう古典の素晴らしさを伝えていく日常を努めてまいりたいという気持ちになりました。

第六講　財政・経営の要諦

皆さんと一緒に読んでまいりました『大学』も、いよいよ最終回となりました。

今回はまず国の財政、個人の財政ということについてお話しします。何回も申し上げるように、この『大学』という書物には「修己治人」というテーマが貫かれていて、人を治めるためには己を修めているかどうかが要点なのだということが説かれています。そういう中に、財政論が出て来ることは非常に興味深いことでした。その理由はなんなのか、これから読み進むうちにご納得いただけると思います。

前回から「大学章句」を読み始めました。朱熹（朱子）がどういう思いで『大学』を編纂したか。一旦、雲散霧消していたような断片をつないで『大学』というしっかりした書物に編纂するのには大変な努力が求められました。「この文章が先じゃないか」「いや、これは後じゃないか」という論議も繰り返されたことでしょう。いずれにしても、とても時間のかかる話でした。それを全部しっかりとまとめたのが朱子という方です。

我々は今、この朱子の『大学』に対する考え方を「章句」で読んでいます。今日も「章句」の続きを読みますが、これはとても大切なことです。なぜならば、そこに『大学』の本旨がどこにあるかということが語られているからです。

今日は第六段第四節を最初に読んで、なぜ財政論がここに入っているのかということについてお話しし、その後で「章句」の後の部分を読んでいきたいと思います。そこでは三綱領・八条目について朱子が改めて語っています。

それでは、第六段第四節から読んでいくことにしましょう。

●お金に対する扱い方を見れば修身の度合いがわかる

財《ざい》を生《な》すに大道《たいどう》有《あ》り。之《これ》を生《しょう》ずる者衆《ものおお》くして、之《これ》を食《くら》ふ者寡《ものすくな》く、之《これ》を為《つく》る者疾《ものしつ》にして、之《これ》を用《もち》ふる者舒《ものじょ》なれば、則《すなわ》ち財恒《ざいつね》に足《た》る。

「財《ざい》を生《な》すに大道《たいどう》有《あ》り」と、冒頭に「財」という字が出てきます。なぜここに「財」があるのかということを、まず説明します。国家というものがあって家々があります。その家々には、それぞれの家族一人ひとりがいます。その一人ひとりの家族の身が修まると、国家も治まるのです。これはすでにお話ししたことです。もしも国家は国家、家庭は家庭、個人は個人と言ってなんのつながりもなかったら、人間の集合体とは言えません。ですから、我々が心しなければいけないのは、人間の集団である国家も、企業・会社も、家庭も、一人ひとりの人間の心が修まっているかどうかに要点があるということです。

そして、一人ひとりの心が修まっているかどうかがよくわかるのが「財」なのです。「財」

とは、個人で言えば財産とか収入とかお金とかいったものですが、人間には財産をつくりたい、収入を得たい、お金を多く持っていたいという欲望があります。ですから、そういうものに対する扱いを見ると、その人間がどれほど身が修まっているかがわかるのです。お金にも財産にも罪はないのですが、それを取り扱う人間の心がどうかということはとても大切だと言っているのです。

『大学』は、「修身」身を修めるとはどういうことかをずっと説いてきました。その最後に身が修まっているかどうか、心が修まっているかどうかを、財産・お金という、これがなければ暮らしていけないという人間にとって必須のものを例に出して説いているわけです。お金はとても大切なものですが、それは人間の心を惑わしてしまう強敵でもあるのです。

私は、儒教、仏教、道教・老荘思想、禅仏教、神道という、日本に七世紀余りも蓄積されてきた五つの思想哲学を五十年間にわたって探究してまいりました。仏教は最初から欲望を否定していますが、儒教も道教も欲望を是認しています。

私は子どもの頃、親や隣のおじさんなどから倫理道徳を叩き込まれました。そのとき、「こんなふうに生きなければいけない」と言われた中に、「金に目をくらまされて生きてはならない」と教わったような気がします。ところが、自分で生活をしているうちに、お金がなければどうやって暮らすのだろうと思いました。そして、中国古典ではお金・収入と人間の関係をどのように説いているのだろうかと興味を抱くようになりました。

するとと素晴らしいことに、儒家の思想も道家の思想も欲望を認めているわけです。しかし、欲望を認めているからこそ難しいのです。仏教のように欲望を持ってはいけないと言ってしまえば簡単なのです。今のコロナ禍でも「外出禁止」と言うのは簡単ですが、それでは経済や生活が成り立たない。

では、どうすればいいかというと、外出するときの注意事項があるので、それをしっかり守ってもらわなければいけない、となるわけです。人間と金銭・物質といった欲望との関係もそれと全く同じです。お金も大切でしょう。物も欲しいでしょう。それは認めましょう。しかし、認める代わりに、これだけは守ってくれなければダメですよ、と条件がついているのです。その条件が「修身」身を修めることなのです。

そのように解釈すれば、『大学』の最後に財政論がついているのも納得できます。むしろ、よくぞつけてくれたということになるでしょう。

私は『大学』を最初に読んだとき、これはすごい書物だと大感激しました。人間の欲望とのかかわりがあるからこそ、修身の注意点がしっかり説かれているのではないかと私は思ったのです。儒家の思想も、道家の思想・老荘思想も、欲望を認めているからこそ、「これは守らなければいけない」という一線について懇々《こんこん》と説いているのです。

それを言っているのが、『中庸』の冒頭にある「天の命ずるを之性と謂う」という一文です。要するに、天は人間に性というものを授けてくださった。この性とは「これなくして人間にあらず」と言われてきたもので、今日的には人間性と言ってもいいでしょう。

それから「性」にはもう一つの重要な読み方があります。それは理性です。理性は何から生まれるかと言えば、精神・意識・霊魂からできているというのが通説です。その精神・意識・霊魂をどのように高めていくかというときに、絶対的にやらなければいけないのが、古典を読むということです。古典には人間が正しく生きる方法が書かれているからです。

人間も動物ですから本能もあれば欲望もありますが、他の動物とは違う任務を背負っています。人間は他の生きとし生けるものの幸せのお世話係にならなければいけないのです。人間は天に代わって生まれてきた天の代行者で、「天工人其代之（天工は人其《そ》れ之《これ》に代《かわ》る）」天に代わって天の仕事をするのが人間の生きる条件なのだと『書経』は言っています。幕末の佐藤一斎はじめ、横井小楠、西郷南洲などはすべて、この章句を大切にして生きたのです。

そんな他の動物の世話をしなければいけない人間が、欲望にしてやられて本能のままに生きていてはしょうがない。天はそれを食い止める知恵を人間に授けました。それが理性です。人間だけが唯一、欲望に対するストップ機能、ブレーキを授かっているのです。本能にブレーキをかけること、それが修身の最大の眼目です。

あなたのブレーキはどの程度利いていますか、ということを自分で常に意識できるようにすることが重要なのです。

他の動物は、欲望が喚起されるとすべてを欲しがってブレーキがかからないのです。車で言えばアクセルだけで生きているようなものです。しかし人間には唯一、理性というブレーキが授けられている。それがちゃんと働くようにするというのが修身の基本です。たとえば、目の前にお金を積まれたり、欲しい宝石を積まれたとき、あなたのブレーキがどの程度のものなのかが測られているのです。

ここで大事なのは、欲望の対象である財やお金といったものが、一体どういうものなのかをよく知ることです。「なんだ、そんなものか」と思えるぐらい、客観的にクールに見なくてはいけません。それを教えるために財政論がついているのだと思って読むと、とても有意義に読める文章です。

それでは最初のところから解説していきましょう。

「財《ざい》を生《な》すに大道《たいどう》有《あ》り」の「大道」が、今言ったブレーキにあたります。人間ならではの見識です。「これなくして人間にあらず」という大道を意識して財というものを見ないとケダモノと同じだと江戸時代にはよく言われたものです。財は絶対的に必要なもので、必須のものではあるけれど、それに対する姿勢とか、その扱い方で、あなたが一流の人間かどうかが決まるのだ、と言ってくれているわけです。

では、財の性質とはどういうものなのかというと、「之《これ》を生《しょう》ずる者衆《ものおお》くして、之《これ》を食《くら》ふ者寡《ものすくな》く」と。これは農作物で言えば、作り手が多くて消費する人が少ないということです。それがセオリーだと言っているのです。それから「之《これ》を為《つく》る者疾《ものしつ》にして、之《これ》を用《もち》ふる者舒《ものじょ》なれば」作り手が迅速にどんどん作るけれど、それを使用する人が「舒」注意深く緩やかに大切にすれば、「則《すなわ》ち財恒《ざいつね》に足《た》る」財が不足することはない。いつも財が余っているということです。

ですから、使い捨てにしないで、一つひとつ大切に、バランスよく使わなければいけない。農産物も、作る人が多くて食べる人が少なければ、無駄が出ないように食べ尽くすことを考えるべきです。ただ闇雲に「もっと作れ、もっと作れ」と言うと、生産したものの価値が低くなり、需給のバランスが崩れてしまいます。それとは逆に、作る人は一所懸命どんどん作るけれど、使用する人が端からぼんぼん使い捨てにしてしまったら、これはいくら作っても間に合いません。モノと人間の関係はそういうものです。

一人ひとりの人間のあり方としては、なんでもかんでも余計に食べたがらないということです。グルメもいいかもしれませんが、限界・節度を持たなくてはいけません。生産者のことを思って、感謝して、丁寧に丁寧に使っていくということで、ようやくバランスがとれるのです。

したがって、子どもを教育するときには、「食べ物はしっかり残さずに食べて、物は大切に扱うんだよ」と教えなければいけません。その裏に今言ったような論理があるということをご理解いただきたいのです。そういう細かなことまで、『大学』は書いてくれています。

そういうふうにすれば、「則ち財恒に足る」財は常に足りるのだ、と。だから、余計に持つ必要はないということです。今は一％の富裕層が世界の富の八〇％を持っていると言われます。しかし、そういう必要はないと『大学』は言っているわけです。その日その日が安穏で、平和で、みんなが食べられて、物事の不自由もなく暮らせればいいじゃないかというライフスタイルを説いているわけです。我々がＳＤＧｓなんて言い出すより遥か昔に、そういう主張をしているわけです。

●財をため込むのではなく、どうやって有用に使うかを考える

仁者《じんしゃ》は財《ざい》を以《もっ》て身《み》を発《おこ》し、不仁者《ふじんしゃ》は身《み》を以《もっ》て財《ざい》を発《おこ》す。未《いま》だ上仁《かみじん》を好《この》みて、下義《しもぎ》を好《この》まざる者有《ことあ》らざるなり。未《いま》だ義《ぎ》を好《この》みて、其《そ》の事終《ことお》へざる者有《ことあ》らざるなり。未《いま》だ府庫《ふこ》の財《ざい》、其《そ》の財《ざい》に非《あら》ざる者有《ことあ》らざるなり。

次に行きましょう。「仁者《じんしゃ》は財《ざい》を以《もっ》て身《み》を発《おこ》し、不仁者《ふじんしゃ》は身《み》を以《もっ》て財《ざい》を発《おこ》す」と。これは日々の暮らしの中で一人ひとりの人間の人間性が問われているということを言っています。ここに「仁」という字が出てきます。儒家の思想は「仁」を非常に重視します。この一字を解説するだけでも、一時間は必要なほどです。それくらい深い字です。

かいつまんで申し上げれば、ご承知のように、「仁」とは「他者に対する思いやり」を表しています。一方、「仁」は「社会」というものを表す字でもあります。あなたは今、社会の中で生きていますが、社会では、あなたは二人以上の人間と生きています。だから、独りで好き勝手するのではなくて、他者を慮って生きるのが社会で生きるということですよ、と言っているわけです。

そう考えると、利己主義で、己がよければよいとなんでも独り占めしようとするのは、社会で生きている人間としてあるまじき行為です。人間関係を重視しなさい、ということを教えているのが「仁」という字なのです。

前にお話ししたように、漢方医学には「不仁」という言葉があります。たとえば脳卒中などで倒れて半身が機能不全になっていることを「不仁」と言うのですが、社会と通じていないというのも「不仁」と言うのです。

社会の中では多くの他者と一緒に暮らしていることを忘れてはいけないということを「仁」という字自体が表しています。それをここでは「仁者は」と言っているのです。仁者は他者のことをいつも考えているわけです。

近代西洋思想は個人主義、エゴイズムが特徴です。これはこれで見るべきところもあるでしょうが、これらはとかく自分と他人を分離しがちです。「私は私だ。あなたはあなただ」と分離してしまうのです。同時に、「私が主だよ、あなたは客だよ」と主客も分離してしまう社会になりがちです。

残念ながら、日本もどんどんそういう西洋の近代西洋主義の波が入ってきて、自他分離、主客分離の社会になっています。それによる混乱や退廃が明らかに見受けられます。なんとかして、日本伝統の自他非分離、主客非分離、自分と他人を分けずに常に他者を慮る「仁」の精神を呼び起こすことはできないかと私は考えるのです。

そのためには、小学校よりもっと前から教育する必要があるでしょう。なんでも競争で、友人というより敵として見なさなければいけないようなことを幼年教育からやっていれば、どうしても自他分離になってしまいます。そういう点も、大人はしっかり心しなければなりません。

この「仁者は財を以て身を発し」というのは、仁者は財を独り占めしないで、いろいろな事情で財が行き届かないところに回してあげるということです。「自分は十分に持っているから、余分なものは是非あなたに使っていただきたい」と他人に譲る。そういう社会が本来の日本の社会のあり方なのです。財をため込むのではなく、どうやって有用に使っていくかを考える。

それが「仁者は財を以て身を発し」ということです。

私はこの文章を読むたびに頭に浮かぶ人物がいます。それは吉田松陰のお母さん、滝さんです。それでなくても大人数の所帯でしたから、生活は非常に困難を極めていました。そこに滝さんの亡くなった伯母さんの嫁ぎ先の亭主が訪ねてきます。自分にとっては遠い親戚が、大八車に寝たきりの老人を寝かせて転がり込んでくるのです。自分たちの生活だって大変なのですから、「自分のところは手いっぱいだから、どうかよそへ行ってください」と言ってしかるべきなのですが、滝さんは「よく来てくれた。よくそれだけ私を信じて頼ってくれた。どうぞ、どうぞ」と迎え入れるのです。

すると、それを聞いた人たちが「私はあなたの遠い縁者だけれど、今日一晩泊めてくれませんか」と、全く無関係なのにやってくるようになりました。それを滝さんは「ああ、よく来た、よく来た」と言ってすべて受け入れるのです。そういう精神を持った母親が吉田松陰を育てていったのです。まさに仁の真骨頂のような人です。滝さんは自分のところにある財は人のために使うものだと思っているわけです。それを見て育った吉田松陰も、同じようにして多くの人の信頼を得たわけです。

この反対が「不仁者」で、「身を以て財を発す」。これは守銭奴のように金のことばかり言って自分の身を削って財をつくろうとして、身を滅ぼしていくタイプの人です。

ですから、財を扱うときに心しなければいけないのが、己の中にある仁の心が働いているかどうかをチェックすることです。それをチェックリストの一つのポイントとして考えてほしいということをここで言っているわけです。

●上が仁をふるえば、下は義によって返す

さらに、仁は大きな広がりを持っているものだということを説いています。それが「未《いま》だ上《かみ》仁《じん》を好《この》みて、下義《しもぎ》を好《この》まざる者有《ことあ》らざるなり」です。つまり、社会や会社の上位にいる人あるいは家庭の上位にいる父母などが仁を好む。他人との関わり合いを好み、自分を頼ってくれたことは自分を信じてくれたことだと受け取って、それを有り難いことだなと思う。そうすると、下にいる人に「なんと温かい、自分たちの面倒をこれほど親身になってしてくれるような人はそういない」という感謝の心が生まれるわけです。

そうすると、この恩義をどうやって返そうかと考えます。そして、まずできるのは自分に与えられた今の仕事・役目を完璧にこなして返すことだと、一所懸命になります。この「義」という字は、己の役職・責務をしっかり果たすという意味合いが非常に強くあります。

その結果、朝礼で集まったときに「君、これはこうやってくれなきゃ困るじゃないか」というような注意をする必要がなくなります。下の者は上の者の温かい振る舞いに恩義に感じて、

「なんとか返したい。何で返したらいいのか」と常に思っているわけですから、「すまんな、君たちに苦労かけるけど、一つ自分の仕事をしっかりやってもらいたいんだ」というようなことを上司が言う必要がないのです。和気あいあいとして、「人間が集まっていいですね」という会社になるわけです。「上仁を好みて、下義を好まざる者有らざるなり」の「有らざるなり」は強調の言葉で、これが大切なことだと言っているわけです。

そういう社風とか家風ができあがると、「未《いま》だ義《ぎ》を好《この》みて、其《そ》の事《こと》終《お》へざる者《こと》有《あ》らざるなり」下の者が義を好んで、やり始めたことを最後まで終わらずにあきらめてしまうような人はいなくなる、と。以前は、最初こそ慎重にやっているけれど、ちょっと困難なことがあったり失敗したりすると途端にやる気がなくなって、終わったのか終わってないのかわからないまま終わってしまうようなことがあったけれど、そういうことがなくなるというのです。

中国古典には「終わりを慎む」という言葉がとても多く出て来ます。世の中には有耶無耶《うやむや》で終わってしまうことが多いからこそでしょう。国の仕事を見ていても、「去年、こんなことを言っていたけど、あれは結局どうなったのだろう?」と思うことが多々あります。そんな疑問にはお構いなしに、次から次へと新しい政策が出てくる。去年の政策がどうなったのかわからないまま、次へ進んでいく。しかし、上の人が仁をふるえば、下の人は義を感じて、何事も有耶無耶のまま終わるようなことはないと言っています。

どうしてかと言うと、下にいる人が上司の恩義に応えたい、上司の喜ぶ顔が見たいと思うからです。完璧に最後までやり遂げて、「やりました」「こうなりました」と報告して「よくやったな。大したものだ。ありがとう」と上司に喜んでもらいたいと思うからです。

ですから、言われなくてもみんなが最後までしっかりする会社が一流の会社なのです。肩書ばかりあっても、言われなければやらない、終わりがどうなったかはっきりしないまま雲散霧消してしまうような会社は大した会社とは言えないのです。つまり、仁と義が働いている会社が立派な会社だということです。

ということは、「未《いま》だ府庫《ふこ》の財《ざい》、其《そ》の財《ざい》に非《あら》ざる者有《ことあ》らざるなり」と。この「府庫の財」とは、倉庫・金庫にある財です。前にお話ししたように、『書経』には「地平らぎ天成る」という「平成」の語源となった言葉が出てきます。「地平らぎ天成る」とはどういうことかというと、「六府三事允に治まる」六つの倉庫がまずあって、三つのことがちゃんと治まっていることだと言っています。

ここで注目しなければいけないのは、まず天が成って地が成るのではないということです。地がちゃんと治まらないと天も治まらないと言っているのです。逆に、地が荒れていれば、その分、天も荒れると言っているのです。これは恐ろしいことです。

ですから、まず地を平らにしなければいけない。そのためには六つの倉庫が重要なのです。

渋沢栄一が主人公の大河ドラマに出てくる一橋家でも水戸藩でも、日本全国に飛び地を持っていました。そして、そこには必ず立派な倉庫が大体六つ立っていました。これは木火土金水の五行に則っています。木は木材倉庫、火はエネルギー倉庫、土は資源倉庫、金は金庫、水は水蔵です。それに穀物倉庫を加えた六つの倉庫がありました。

民はそれを見て、「あんなに備蓄があるのだから、何かあったって大丈夫だ」と安心して暮らしたのです。民を安心させるために、名君たちは皆、立派な倉庫を建てたわけです。

さらに「三事」三つの事が治まっている。三事の一つ目は「正徳」です。正徳とは自己の最善を他者に尽くし切るということ。そういう心の持ち主ばかりでできている社会は安心できます。

二つ目は「利用」。これは「よく用いる」と読んで、「無駄にしない」ということです。すべて使い尽くす。日本の伝統は、料理でもなんでも全部使い尽くすところにあります。そして余計なものを使用しない。この全部使い尽くすという精神は非常に重要です。中でも社会が人間を十分に活用する知恵に富んでいるかどうかが重要なのです。仕事がないとか雇用が不安定だとか言っている社会はろくな社会ではありません。人間一人ひとりにはちゃんとした天分があります。そういうものを活かして社会のお役に立てるようにお膳立てするのが政治の役割です。そういうことを「利用」と言います。

それから三つ目は「厚生」です。生きるに厚いと書くことからわかるように、「厚生」とは命に厚くあること、命を大切にした社会であるということです。

以上のように、六つの倉庫があって、正徳・利用・厚生の三事を徹底している社会であれば、「地平らぎ天成り」となるわけです。天・地・平・成という四つの文字で社会構想をすべて言い切っているのです。かつての日本には、こんなビジョンがあったのです。今でもこれだけやってくれれば社会は絶対によくなると私は思っています。

●上位の者は庶民の生活を侵害するようなことをしてはいけない

孟献《もうけん》子《し》曰《いわ》く、馬乗《ばじょう》を畜《か》ふものは、鶏《けい》・豚《とん》を察《み》ず。伐冰《ばっぴょう》の家《いえ》は、牛《ぎゅう》・羊《よう》を畜《か》はず。百乗《ひゃくじょう》の家《いえ》は、聚斂《しゅうれん》の臣《しん》を畜《か》はず。其《そ》れ聚斂《しゅうれん》の臣《しん》有《あ》らんよりは、寧《むし》ろ盗臣《とうしん》有《あ》らん、と。此《こ》れ国《くに》は利《り》を以《もっ》て利《り》と為《な》さず、義《ぎ》を以《もっ》て利《り》と為《な》すを謂《い》ふなり。

次の段落に行きましょう。「孟献《もうけん》子《し》曰《いわ》く」とあります。孟献子は孔子の生まれ育った魯《ろ》の国の賢明な大夫です。孟献子はこう言いました。「馬乗《ばじょう》を畜《か》ふものは」馬が三頭集まった乗り物を何台も持っているような社会の上位にある人たちは、「鶏《けい》・豚《とん》を察《み》ず」鶏とか豚を飼ってはいけない。庶民が鶏・豚を飼って、その卵を売って細々と暮らしているところに大富豪・大資本が乗り出していってひと稼ぎふた稼ぎするというのは、上位にある者にあるまじき態度だと言っているわけです。そこに仁がないということです。儲かるからといって何をしてもいいわけではない。小さな会社がしっかり守っている地域に大企業は出ない。そういう思いやりがなければダメだと言っているのです。

それから、「伐冰《ばっぴょう》の家《いえ》」とは、氷を切り出すぐらいの家ということです。私が子どもの頃の冷蔵庫は氷で冷やしていました。氷屋さんが来て、氷を冷蔵庫に入れてくれるのです。それで途端に物持ちが違ってきたものでした。

しかし、『大学』ができた頃にそういう生活をしているのは大富豪です。そんな大富豪の家は「牛《ぎゅう》・羊《よう》を畜《か》はず」牛や羊を飼ってはいけない。その肉を売って儲けるなんて言語道断である、と。上位にある者がそんなことをしてはいけない。牛や羊を飼って、その肉を売るというのは、庶民が一家を養って暮らしていくためのものです。そういう人たちを後押しして応援するのが社会の上位にある者の務めですから、それを奪うような、今で言えば民業を圧迫するようなことは大富豪のすることではないと言っているのです。

次に「百乗《ひゃくじょう》の家《いえ》」とありますが、これは百の乗り物のある家です。戦車が百台あるということです。そういう家は「聚斂《しゅうれん》の臣《しん》を畜《か》はず」。「聚斂の臣」とは、税の取り立てを厳しくする人間を言います。日本で言えば代官とか、代官を使っている国家の上位にいる者です。そういう人は、慈悲も仁も何もない、ただ露骨に取り立てるだけの部下を持ってはいけないと言っているのです。「其《そ》れ聚斂《しゅうれん》の臣《しん》有《あ》らんよりは、寧《むし》ろ盗臣《とうしん》有《あ》らん」そんな冷酷無慙《むざん》な取り立て人がいるから、自分の家は富んでいるのだと言っても何も自慢にならない。そんな部下を持つのなら、むしろお金をちょろまかして自分の収入にしてしまうような部下がいるほうがまだいい、と。そういうことをしても民には全く関係がないからです。

これは要するに、取り立て人が民の事情も考えずに厳しく取り立てていくような税収のあり方自体、国家のあり方としてなっていないと言っているわけです。「此《こ》れ国《くに》は利《り》を以《もっ》て利《り》と為《な》さず」国家は、そういう国利・地利を利としてはいけない。つまり、利益や金のことばかり言っているような風潮の国は、民が圧迫されて犠牲になっていくと言っているわけです。では、どうあればいいのかと言うと、「義《ぎ》を以《もっ》て利《り》と為《な》すを謂《い》ふなり」。上が仁を以て国民のことを深く思って施策を出していく。それがよくわかると国民も、「こんなに国民思いの政治はない。なんとしても感謝の念を表さなければいけない」と胸を打たれて、国民としての務めをしっかり果たして、納めるべき税金はちゃんと納めるというふうになっていく。それなら、取り立て人も何もいらないわけです。義を利とすれば無慈悲な取り立て人は必要なくなるのです。

横井小楠は、政治は民の幸せのお世話係だと言いました。そういう政治でなければダメだと言っているわけです。ホントにこういう国になったらどれほどいいかと思うばかりです。

●リーダーは利を利とせず、義を利としなくてはいけない

国家《こっか》に長《ちょう》として財用《ざいよう》を務《つと》むる者《もの》は、必《かなら》ず小人《しょうじん》を自《もち》ふ。彼《かれ》を之《これ》を善《よ》くすと為《な》し、小人《しょうじん》を之《こ》れ使《つか》ひて、国家《こっか》を為《おさ》むれば、蓄害並《しがいなら》びに至《いた》る。善《よ》き者有《ことあ》りと雖《いえど》も、亦之《またこれ》を如何《いかん》ともする無《な》し。此《こ》れ国《くに》は利《り》を以《もっ》て利《り》と為《な》さず、義《ぎ》を以《もっ》て利《り》と為《な》すを謂《い》ふなり。

第六段第四節の最後の段落です。「国家《こっか》に長《ちょう》として財用《ざいよう》を務《つと》むる者《もの》は、必《かなら》ず小人《しょうじん》を自《もち》ふ」とあります。国家が目先の利を追うようになってはいけません。国家が目先のそろばん勘定ばかりしていると、「財用を務むる者」財政金融を扱う人たちは、財政を豊かにすることが自分の務めだと一心に思って、「必ず小人を自ふ」利益や金のために仁も義も見識も何もない、命じられたことはなんでもやるような無慈悲で冷酷無道な人間を用いるようになる。そして、「彼を之れを善くすと為し」そのような人間を「部下たちはよくやっています。難しい相手でも必ず税金を徴収して帰ってきますからね」と自慢げに称賛する。これは反対から見れば、陰でどれほどの多くの国民が苦しんでいるかということです。

「小人《しょうじん》を之《こ》れ使《つか》ひて、国家《こっか》を為《おさ》むれば、蓄害並《しがいなら》びに至《いた》る」そういう小人を使って国を治めるとどうなるかと言えば、「蓄害」政治に対する信頼をどんどん弱めてしまうから、「こんな政治にまともに付き合っていられない」と、みんな働かなくなって、どうすれば税金を納めなくて済むかというようなことばかり考えるようになり、政治が成り立たなくなる。

先に申し上げたように『書経』では、「地平らぎ天成る」地が平らかになって初めて天が成ると言っているわけですが、国民が政治にそっぽを向いているということは、非常に不安定な社会で「地平らぎ」ではない。そうすると師う禅、天も成りません。

この「蓄害」という言葉の中には、天災が続くという要素も含まれています。天災続きで、いつ川が氾濫するかわからない、土砂崩れがあるかわからない。そんなことが頻発している国家は、まともな国家とは言えないと思わなければいけません。本当に民のことを心配しているのか、ということです。一向に民のことを思わない政治は天災まで呼び起こしてしまうのです。「善《よ》き者有《ことあ》りと雖《いえど》も、亦之《またこれ》を如何《いかん》ともする無《な》し」こうなると善良な人間が出てきたところで取り返しがつかない。一度、民が政治に不信感を抱くと、そう簡単に拭い去れないからです。その意味では、一番あくどい政治とは、口を開けば「民に寄り添って」とか「民の幸せを第一に考えて」といった耳に心地よい言葉をもてあそんでいる政治です。国民は最初はその言葉に騙されるかもしれませんが、それが繰り返されると、「もう騙されない。どんなに耳当たりのよいことを言っても私は騙されませんよ」ということになります。

この不信感は簡単に消えません。善良な政治家が出て真っ当な政治をしても、「これも嘘じゃないの？」という不信感を抱く人が多くなってしまい、国家百年の計にとって大きな損害を及ぼします。政治家はそれを考えなくてはいけません。

「此《こ》れ国《くに》は利《り》を以《もっ》て利《り》と為《な》さず、義《ぎ》を以《もっ》て利《り》と為《な》すを謂《い》ふなり」と。利を利とするのではなく、義を利としなくてはいけない。要するに、仁と義で成り立っているような国家に戻さないといけないと言っているわけです。

利を優先するというのは、人間が陥りがちなことです。ですから、この『大学』の最後でも「財」について語られていたわけです。ここまで配慮して書かれている素晴らしさを痛感します。是非この最後のところを二度三度と復習していただけたら有り難いと思います。

●『大学』には立派な人間になるために学ぶべきことが順序よく書かれている

『大学』本編は、以上をもって読了いたしました。そこで今回も前回に引き続き、「大学章句」を読んでいきたいと思います。縷々《るる》お話ししましたように、雲散霧消して一つの書物になっていなかった『大学』をしっかり編纂し直したのが、宋の程明道・程伊川といった賢人たちでした。彼らが努力に努力を重ね、最後に朱子が出てきて一つの書物にまとめあげたのです。その朱子が、どういう気持ちでもって『大学』を再編纂したか。その趣旨がどこにあるのかを述べたのが「大学章句」です。早速読んでいきましょう。

子程子《していし》曰《いわ》く、大学《だいがく》は孔氏《こうし》の遺書《いしょ》にして、初学《しょがく》の徳《とく》に入《い》るの門《もん》なり。今《いま》に於《おい》て古人《こじん》の学《がく》を為《おさ》むる次第《しだい》を見《み》る可《べ》き者《もの》は、独《ひと》り此《こ》の篇《へん》の存《そん》するに頼《よ》る。而《しか》して論《ろん》・孟之《もうこれ》に次《つ》ぐ。学者《がくしゃ》必《かなら》ず是《これ》に由《よ》りて学《まな》べば、則《すなわ》ち其《そ》の差《たが》はざるに庶《ちか》からん、と。

この「子程《してい》」というのは、朱子の師匠である程明道・程伊川兄弟のことです。両程子と呼んでいますが、この人たちなくして朱子学はないというくらいの人物です。彼らは『大学』がなければダメだと言って、人生をかけて断片を収集し、検討しました。その「子程子」両程子がこう言いました。「大学《だいがく》は孔氏《こうし》の遺書《いしょ》にして、初学《しょがく》の徳《とく》に入《い》るの門《もん》なり」この『大学』という書物は孔子の遺書で、初めて儒教を学ぶ人のための入り口なのだ、と。

遺書とは、この世を去るときに後に続く者に対して、「これが大事だ。これを大切にしてくれ」と書き残すものです。そういう意味で、『大学』は孔子の遺書だと言ったのです。

そして「初学の徳に入るの門なり」初めて儒学を学ぶ人はここから入ってくれなければいけないと言っています。『論語』を読むにしろ、『孟子』や『中庸』を読むにしろ、『大学』が入門書になるのだということです。それはよくわかります。『大学』には儒家の思想の根本概念がすべて記されています。それも、とてもうまく記されているのです。

　そして「今《いま》に於《おい》て古人《こじん》の学《がく》を為《おさ》むる次第《しだい》を見《み》る可《べ》き者《もの》は」古人がどのように学問を習得したか、たとえば孔子は何をどのように読んで孔子になったのか、あるいは孟子はどうか、子思はどうかを知りたいというのならば、「独《ひと》り此《こ》の篇《へん》の存《そん》するに頼《よ》る」それがすべて『大学』に書いてある。『大学』の三綱領八条目が学ぶ順番なのだと言っているわけです。つまり、学問をしようとする人が学ぶ順番は、この『大学』の篇に従えばいいということです。そうすれば、聖人たちがどうやって聖人になったのかという事の次第がすべてわかるということです。

「而《しか》して論《ろん》・孟之《もうこれ》に次《つ》ぐ」の「論」は『論語』、「孟」は『孟子』です。要するに、『大学』を読んだら次に『論語』を読み、『孟子』を読むということが非常に重要なのだ、と。「学者《がくしゃ》必《かなら》ず是《これ》に由《よ》りて学《まな》べば、則《すなわ》ち其《そ》の差《たが》はざるに庶《ちか》からん」。今は学者と言うと職業を表しますが、ここの学者は「学ぼうとする人間」すべてを指しています。そういう学ぼうとする人がこの『大学』に学べば、間違いを犯すことはまずない、と。それゆえ、儒家の勉強をしたい人は、まず『大学』をしっかり読むことだと言っているのです。

　ここの文を読んでよくわかるのは、江戸の小学校一年生の一学期の一時間目に『大学』を読んだ理由です。江戸の教育は、子どもを立派な人間にすることを目的としていました。そのためには、何をどういう順番で学べばそうなれるのかを子どもに教える必要があります。そこから教えるのが、本当の教育なのです。ですから、小学校一年の一学期の最初に『大学』を学んだわけです。これは大いに納得できます。

皆さんも、お子さんを立派な人間にしたいと少しでも思われるのであれば、是非、この『大学』をお子さんと一緒に読んで、皆さん自らが講義をされるといいでしょう。

●人間の生き方の根本を表す「大学之道」「在明明徳」

大学《だいがく》の道《みち》は、明徳《めいとく》を明《あきら》かにするに在《あ》り、民《たみ》を親《あらた》にするに在《あ》り、至善《しぜん》に止《とど》まるに在《あ》り。

学ぶのならば『大学』から始めなければいけないという話をしたすぐ後に、その根幹である三綱領八条目を改めて出しています。この並びは、まるで朱子が先取りして、「今の話を読んで、もう一度、三綱領八条目を読み返しておきたいと思っただろう？　だからそういうふうに編成しておいたよ」と言っているかの如きです。さらに言えば、『大学』全文を読んだ後に、また冒頭の部分を読むとどういう違いを感じるかを確かめてみてはどうか、という意味合いも含まれているように感じます。

そこで「大学《だいがく》の道《みち》は」ですが、なぜ学ぶのか、何から学ばなければいけないのかを示すとすれば、あるいは、立派な人間になるための学びの本道はどこにあるかと言えば、この大学の道を知っていただかなければいけない、と。

そしてその根本は三つあって、まず「明徳《めいとく》を明《あきら》かにする」ことにある。明徳とは何かというと、朱子は「大学章句」冒頭で「蓋《けだ》し天の生民を降せしより、則ち既に之に与ふるに仁義礼智の性を以てせざるは莫し」と、非常に重要なことを言っています。要するに、天が「自分に代わって、君が人間になって地上に降りてくれないか」と言い、「私はぜひ人間に生まれたい」と天にお願いして地上に降ろされた。そのときに天が「これを持っていきなさい。これで生きとし生けるもののお世話をする立場を貫きなさい」と言って与えてくれたのが、仁・義・礼・智の四徳です。ですから、我々は四徳を持って生まれてきたのです。

『中庸』の最初の言葉「天の命ずるを之性と謂う」も、そのことを言っています。性とは四徳のことです。仁・義・礼・智という性を天からもらってきたのです。

ところが、「大学章句」冒頭には次のように書かれていました。これが重要なところです。「然れども其の気質の稟《ひん》、或は斉《ひと》しき能はず」本念の性として仁・義・礼・智、あるいは人間性、理性というものを天から授かってきたけれど、生まれた瞬間から、私たちは気質の性に覆われてしまう。つまり、生まれた環境や両親や接する人たちの影響がすごく大きくなるわけです。

そういう気質の性に覆われてしまうので、人によっては、本念の性である仁・義・礼・智、人間性、理性といったものを授かっていることすら忘れてしまう。それよりも、育つ過程で、どうやって暮らしていくかとか、見栄、見てくれ、外聞をよく見せようとか、優位に立とうとか、そういうものばかりをどんどん身に修めてしまう。私流に言えば、きれいに光り輝いている四徳をもらってきたにもかかわらず、育つ過程でどんどんぼろきれを身にまとってしまうようなものです。

そのぼろきれを一つひとつはがしていく。見栄や外聞や見てくれや、人より上回ろう、人に自慢しよう、私利私欲で生きようといったものを、一旦、すべて放念してしまう。一日できれいにならなければ、二日、三日、四日、五日と掃《はら》っていくと、人間が生まれたときに授かってきた金色に光り輝く四徳が自分にもあることに気がつく。これが明徳なのです。明徳を明らかにするということは、それに気づいてくれと言っているのです。

それに気づいた人間は、二度とぼろきれを着ようとはしません。それ以後は、明徳を持って生きていくことになります。この「大学之道」の四文字、「在明明徳」の四文字、合わせて八文字で、人間の生き方の根本を表しているのです。是非、生まれた瞬間の自分に戻ってください、あなたが身につけているぼろきれを一枚一枚はがしていくと光り輝く明徳が現れますよ、と言っているのです。

するとどうなるかと言えば、「民《たみ》を親《あらた》にする」ことになる。この「親」を「あらた」と読むべきだと朱子は主張しました。「あらた」と言えば、新しい自分になります。「あなた、変わったね」「何か立派な人間になりましたね」「最近、心境の変化があったのではないですか」というように、誰もが尊敬せざるを得ないような新しい人間になっていく。

その秘訣は何かというと、「日に新たに、日日に新たに」ということです。なぜなら、この世の中は、二度と昨日の今日はないからです。いつも真新しい「この時」を迎えているのですから、人間はそれに準じて生きていくことになります。つまり、天の働きに準じて生きていくのです。

そうすれば、「ああ愉快だな」という生き方にもなっていくし、多くの人から慕われます。周りにいる人たちに仁をかけてあげれば、取り巻く人たちは皆、義を果たそう、自分がするべきことでお返ししようとします。そういう良好な人間関係ができあがります。それはなんと愉快で素晴らしい人間関係でしょうか。それが至善《しぜん》というものです。

至善とは善に至ることですが、そこで止まってはいけない。もっと明徳を輝かすことによって、もっと新たな人間になる。そうすると、周りの人たちも「あの人みたいになりたい」と言い、自分でも知らない間に手本になっていく。

それによって、周りもどんどん新しい人間に変わっていきます。みんなが「ああ、人生ってこんなに愉快だったのか。人間関係ってこんなに温かいものだったのか」と思えるようになるのですが、そこで止まってはいけないのです。さらに善の至りに至るように、人間は生きている間中、自分に磨きをかけることが大事なのです。ここでは、そういうことを言っているわけです。

●「至善に止まる」ことがわかると人生の目標が定まってくる

止《とど》まるを知《し》りて后定《のちさだ》まる有《あ》り。定《さだ》まりて后《のちよ》能く静《しず》かなり。静《しず》かにして后《のちよ》能く安《やす》し。安《やす》くして后《のち》能《よ》く慮《おもんばか》る。慮《おもんばか》りて后《のちよ》能く得《う》。

そうすると、「止《とど》まるを知《し》りて后定《のちさだ》まる」人生の目標が定まります。もっと明徳を輝かせればいい、新しい自分をもっと発揮すればいい、周りの人にもそれを説けばいい、と目標が定まるわけです。その結果、善良なる人間関係が生じ、親や家族や友人に対する態度も変わってきます。人間関係がどんどん良い方向に変わっていくわけです。ですから、「これをもっと深めてやろう」というようになってきます。

「定《さだ》まりて后《のちよ》能く静《しず》か」そういうふうに目標が定まると、何か儲け話はないか、もっと愉快なことはないかと、あっちに行ったりこっちに行ったりする必要がなくなります。一途にこの道を行けば絶対に間違いないとわかるから冷静になるのです。「静《しず》かにして后《のちよ》能く安《やす》し」冷静になれば人間が安らかになります。「安《やす》くして后能《のちよ》く慮《おもんばか》る」安らかになると、慮り、配慮・真慮が出てきます。「人間は考える葦《あし》」と言いますが、配慮が深まると、徳がさらに生きて、自己の最善を他者に尽くし切るということがさらにすごみを増してきます。多くの人から感謝され、「ありがとうございます」と言われることが増えてきます。

したがって「慮《おもんばか》りて后能《のちよ》く得《う》」慮ることによって人生で一番大切なものを得ることになるのです。

●始める順番を間違えると何も得ることはできない

物《もの》に本末有《ほんまつあ》り、事《こと》に終始有《しゅうしあ》り。先後《せんご》する所《ところ》を知《し》れば、則《すなわ》ち道《みち》に近《ちか》し。

「そう言われても自分は何も得られていないのですけれど……」と言う人がいたら、それは得るところから始めていませんか、ということです。ここまでずっと読んできて、得ることが書いてあるのは第六段の最後のところだけでした。そんなおしまいのところから始めて、うまくいくはずがありません。「大学の道は、明徳を明らかにするに在り」というところから始めないとうまくいかないし、何も得られないのです。

なぜならば、「物《もの》に本末有《ほんまつあ》り」物には本と末があるからです。「得る」というのは末です。末から始めてうまくいくはずはありません。また「事《こと》に終始《しゅうし》有《あ》り」事には始まりと終わりがあります。終わりから始めてもうまくいくはずがないのです。やはり本から、初めから始めなくてはいけない。初めとは明徳です。

また、物事には先後があります。順番として、まずやらなくてはならないことがあるのです。「先後《せんご》する所《ところ》を知《し》れば、則《すなわ》ち道《みち》に近《ちか》し」そういうことを知れば知るほど、大学の道に近づくのです。つまり、立派な人間になるための順番にかなう生き方になってくるということです。

古《いにしえ》の明徳《めいとく》を天下《てんか》に明《あきら》かにせんと欲《ほっ》する者《もの》は、先《ま》づ其《そ》の国《くに》を治《おさ》む。其《そ》の国《くに》を治《おさ》めんと欲《ほっ》する者《もの》は、先《ま》づ其《そ》の家《いえ》を斉《ととの》ふ。其《そ》の家《いえ》を斉《ととの》へんと欲《ほっ》する者《もの》は、先《ま》づ其《そ》の身《み》を脩《おさ》む。其《そ》の身《み》を脩《おさ》めんと欲《ほっ》する者《もの》は、先《ま》づ其《そ》の心《こころ》を正《ただ》しくす。其《そ》の心《こころ》を正《ただ》しくせんと欲《ほっ》する者《もの》は、先《ま》づ其《そ》の意《い》を誠《まこと》にす。其《そ》の意《い》を誠《まこと》にせんと欲《ほっ》する者《もの》は、先《まず》づ其《そ》の知《ち》を致《いた》す。知《ち》を致《いた》すは物《もの》に格《いた》るに在《あ》り。

『大学』が説いている大学の道は明徳を明らかにするところから始まります。皆さんの周辺の人が一人ひとりこのことに目覚めて、身にまとっているぼろきれを捨て去ると、おのずと素晴らしい社会ができることになります。そのために、「古《いにしえ》の明徳《めいとく》を天下《てんか》に明《あきら》かにせんと欲《ほっ》する者《もの》は」明徳を天下に明らかにすることが重要なのだという志を持って生きようとする人は、「先《ま》づ其《そ》の国《くに》を治《おさ》む」まず国がそうなっているかどうかをよく見てください、と。

横井小楠は、世界一等の仁義の国になるのが日本の理想像だと言っていますが、「其《そ》の国《くに》を治《おさ》めんと欲《ほっ》する者《もの》は」そういう国にしようとする人は、「先《ま》づ其《そ》の家《いえ》を斉《ととの》ふ」国は家庭の集合体なので、まず家を斉えなくてはいけない。あちこちで家庭崩壊が起こっていて国がよくなることはあり得ません。家庭がしっかり斉って初めて国がよくなるのです。

しかし、「其《そ》の家《いえ》を斉《ととの》へんと欲《ほっ》する者《もの》は、先《ま》づ其《そ》の身《み》を脩《おさ》む」家を斉えるには、家を構成しているメンバーの一人ひとりの身が修まらなくてはいけない。お父さんが「俺は勝手にやるから、みんなも勝手にやってよ」と言い、お母さんが「私も勝手にやりますから、みんな勝手にやって」と言うのでは家庭とは言えません。「うちの家族はみんな明徳で生きている」というふうに、仁と義の関係を構築していくほど家はよく斉います。そして、そういう家が一軒、二軒、三軒と増えていくことが世直しにつながり、社会をよくし、国をよくすることになるのです。

江戸の政治はすべてこの論法でした。しかし、いつからか日本も物質至上主義の近代西洋主義に染まってしまいました。これを元に戻すためには、自分の身を修める「修己」から始めなければいけないのです。そのためには「其《そ》の身《み》を脩《おさ》めんと欲《ほっ》する者《もの》は、先《ま》づ其《そ》の心《こころ》を正《ただ》しくす」まず心を正しくしてくれ、と。心にこびりついたぼろきれを取り去って、自分の明徳を輝かそうという決意をしてほしいということです。そういう生き方をしようという気持ちを持って心を正しくしなければいけない。

では、心を正しくするためにはどうするか。それは「其《そ》の心《こころ》を正《ただ》しくせんと欲《ほっ》する者《もの》は、先《ま》づ其《そ》の意《い》を誠《まこと》にす」と。「意」とは、心の奥底にあって心に指令を出している大本です。表面的に「私、やる気満々です」と言うのは簡単ですが、それだけでは足りない。心の底から、「なんとしてもこれだけはやらなければいけない」と決意をする。「意を誠にす」とは、「決意をする」ということです。

そして、「其《そ》の意《い》を誠《まこと》にせんと欲《ほっ》する者《もの》は、先《まず》づ其《そ》の知《ち》を致《いた》す」意を誠にするためには、人間として生きるための根本となる知に至ることである、と。せっかく人間に生まれてきたのだから立派な人間として生きようとするのが本当の知というものです。知とは、知識ではなく知恵です。立派な人間として暮らしていくための知恵を身につけることが大事なのです。

これを反対から見ますと、人間は万物とかかわり合いながら生きていくわけです。ですから、そういう万物のあり方もよく考えて、それぞれがうまく生きていけるように、触れ合うものに気を使って、仁を施して生きていくことが大切です。それが「物《もの》に格《いた》る」あるいは物を正すことになるのです。

●人間の根っこの部分を強固なものにしていくことが大事

物格《ものいた》りて后《のち》知《ち》至《いた》る。知《ち》至《いた》りて后《のち》意《い》誠《まこと》なり。意《い》誠《まこと》にして后《のち》心《こころ》正《ただ》し。心《こころ》正《ただ》しくして后《のち》身《み》脩《おさ》まる。身《み》脩《おさ》まりて后《のち》家《いえ》斉《ととの》ふ。家《いえ》斉《ととの》ひて后《のち》国《くに》治《おさ》まる。国《くに》治《おさ》まりて后《のち》天《てん》下《か》平《たいら》かなり。

今度は今の話を反対から辿っています。

まず「物格《ものいた》りて后《のち》知《ち》至《いた》る」。人間は万物のお世話係としてこの世に降ろされたのですが、降ろされるにあたって天からいただいた四徳を忘れて、外聞・見栄・見てくれといった余計なものばかり気にしています。しかし、自ら望んで人間に生まれてきたのではないかと思い返すことによって、人間としての知恵を身につけることができます。

「知《ち》至《いた》りて后《のち》意《い》誠《まこと》なり」知に至ったら、そこで純粋な立派な人間として暮らしていく決意をする。「即今当処自己」という禅の言葉があります。「今、ここで、自分で」やることです。「意《い》誠《まこと》にして后《のち》心《こころ》正《ただ》し」それを決意することが、正しい心なのです。

「心《こころ》正《ただ》しくして后《のち》身《み》脩《おさ》まる」心が正しくなれば、身を修められます。そして「身《み》脩《おさ》まりて后《のち》家《いえ》斉《ととの》ふ」お父さんお母さんが身を修め、子どもも身を修めると、家が斉った状態になる。すると「家《いえ》斉《ととの》ひて后《のち》国《くに》治《おさ》まる」周りの家もあそこの家族のように和気あいあいと愉快に自由闊達に生きたいと思うので、一軒一軒そうなっていく。そういう家がどんどん増えていって、やがてその町村がよくなり、国全体がよくなっていく。そして「国治《くにおさ》まりて后天下《のちてんか》平《たいら》かなり」平穏で安定した世の中ができるというわけです。

ここでは、これが八条目の趣旨なのだと言っているわけです。八条目が実現して、初めて平穏な「地平らぎ天成る」という時世になるわけです。そのきっかけは一人ひとりの自分からなのだと自覚する。それがスタートであり、本末の本なのです。

そのことが次に記されています。

天子《てんし》より以《もっ》て庶人《しょじん》に至《いた》るまで、壱是《いっし》に皆《みな》身《み》を脩《おさ》むるを以《もっ》て本《もと》と為《な》す。

この社会には身分というものがいろいろあって、社会の上にいる人、下にいる人の違いがあります。しかし、それは単なる目安としてあるだけで、重要なのは、人間として立派であるかどうかです。いくら社会的身分が上でも、「なんだ、あの人は？　人間と言えるのかね」というような人であれば、社会的ポジションが高いほど、かえって恥をさらしているようなものです。ですから、身分の差、立場の差を超えて、「天子《てんし》より以《もっ》て庶人《しょじん》に至《いた》るまで」全員が、身を修めるということをしてくださいと言っているのです。

其《そ》の本乱《もとみだ》れて末治《すえおさ》まる者《もの》は否《あら》ず。
其《そ》の厚《あつ》き所《ところ》の者薄《ものうす》くして、其《そ》の薄《うす》き所《ところ》の者厚《ものあつ》きは、未《いま》だ之有《これあ》らざるなり。

身を修める、つまり修身が立派な人間になる基本ですから、その修身である本が乱れて末が治まるということはありません。会社で言えば、上位にいる人間が全員だらしなくて、社員がみんなよく働くというようなことはない。もしあれば、それはたまたまの話です。ですから、上から順番に仁を施して義に帰るということでなくてはいけない。

そこで重要なのは、人間として重要なところを徹底的に重視して、つまり「明徳を明らかにする」というこの一点にかけて生きていくということ。それで十分なのです。「其《そ》の厚《あつ》き所《ところ》の者薄《ものうす》くして、其《そ》の薄《うす》き所《ところ》の者厚《ものあつ》きは、未《いま》だ之有《これあ》らざるなり」人間の根にあたるその部分を薄くして、薄くていいような枝葉の部分ばかり太らせたら、樹木は倒壊します。ですから、人間の根っこの部分を強固なものにしていくことが何よりも大事なのです。

●朱子の労苦に感謝する

右《みぎ》は経一章《けいいっしょう》。蓋《けだ》し孔子《こうし》の言《げん》にして、曾子之《そうしこれ》を述《の》べしならん。其《そ》の伝《でん》の十章《じっしょう》は、則《すなわ》ち曾子《そうし》の意《い》

にして、門人之《もんじんこれ》を記《き》せしならん。旧本《きゅうほん》は頗《すこぶ》る錯簡《さくかん》有《あ》り。今《いま》は程子《ていし》の定《さだ》むる所《ところ》に因《よ》り、而《しか》して経文《けいぶん》を更《あらた》め考《かんが》へて、別《べつ》に序次《じょじ》を為《な》すこと左《さ》の如《ごと》し。

ずっと「大学章句」を読んできましたが、「右《みぎ》は経一章《けいいっしょう》」右の三綱領八条目はとても大切な一章です。これこそ、「蓋《けだ》し孔子《こうし》の言《げん》にして」たぶん孔子が孔子学園の講義でいつも重視してくださいと言って受講生に説いていた一章でしょう。

それを弟子として聴いていた曾子《そうし》が「之《これ》を述《の》べしならん」孔子先生は『礼記』の中からこの部分を取り出して常にこういうことを言われていたから、その一篇を編じよう、と言ってまとめたのが『大学』の成り立ちであるということです。

そして、「其《そ》の伝《でん》の十章《じっしょう》は」それは十章から成り立っていますが、「則《すなわ》ち曾子《そうし》の意《い》にして」かなり曾子の意見も入れて、「門人之《もんじんこれ》を記《き》せしならん」曾子の門人がそれをしっかり書いたものである、と。

「旧本《きゅうほん》は頗《すこぶ》る錯簡《さくかん》有《あ》り」その旧本には、いろんなタイプがあります。つまり、曾子が編集した『大学』として伝わっている本には、たくさんの種類があるということです。

これは、たとえば『貞観政要《じょうがんせいよう》』という唐の時代の本なども同じで、遣唐使の人たちが「ここがいい、ここを持って帰ろう」「いや、ここもいいね、ここも持っていこう」というようにしてバラバラに持ち帰ってきたため、日本では『貞観政要』の名前を記した書物が何百何千と出ることになりました。ですから、本当の『貞観政要』がどういう順番で成り立っているのかわからないのです。私も中国へ行って調べてみましたが、中国のほうでもバラバラでわからないと言っていました。

これではまともに、『貞観政要』という書物を扱うわけにはいかないと言って、漢文学者の原田種成《たねしげ》先生が自分の人生をかけて正しい順番に編纂し直しました。それはまるで朱子が『大学』の編纂をしたようにやったのです。私は先生の講義を受けに行きましたが、そのときに『貞観政要』を編纂した苦労をいつも物語っておられました。これは大変な作業なのです。朱子もそういう大変な作業をしたのだなとよくわかりました。

古い時代の本は、板とか竹の筒を彫り込んで、それを蔓《つる》で綴じて巻いてありました。だから、一巻、二巻というように「巻く」と書くわけです。しかし、蔓で綴じていますから、開いたり畳んだりしているうちに蔓が切れてバラバラになったり、また大水が出たというようなことがあれば散り散りバラバラになってしまいました。そういうものを全部集めて、前後を確かめながらまとめ直すのですが、順番を間違えることが多かったのです。それを「錯簡《さっかん》」と言います。竹簡・木簡を錯誤するから「錯簡」と言うのです。

「今《いま》は程子《ていし》の定《さだ》むる所《ところ》に因《よ》り」今は程明道と程伊川の二人が「これはこっちだ」「これはこっ

ちだ」と検討して並べ直したものが定本になっている、と。「而《しか》して経文《けいぶん》を更《あらた》め考《かんが》へて、別《べつ》に序次《じょじ》を為《な》すこと左《さ》の如《ごと》し」しかし、未だに『大学』の内容についていろいろな意見が存在しているので、改めて検討して並べ替えたのが、ここに示した『大学』なのです、と言っています。

そういう意見がまだあるということ自体が、朱子の苦労を物語っています。しかし、それを鑑みて朱子がこの段階までまとめてくださったから、我々はこのように『大学』を読むことができるわけですから、朱子の労苦に対して感謝をしないわけにはまいりません。

●自らの内にある明徳と四徳に気づき、自らに目覚める

康誥《こうこう》に曰《いわ》く、克《よ》く徳《とく》を明《あきら》かにす、と。大甲《たいこう》に曰《いわ》く、諟《こ》の天《てん》の明命《めいめい》を顧《かえり》みる、と。帝典《ていてん》に曰《いわ》く、克《よ》く峻徳《しゅんとく》を明《あきら》かにす、と。皆自《みなみずか》ら明《あきら》かにするなり。

本文でも見てきたように、『書経』の三つの篇に同じように「徳」というものが説かれていました。これは何を意味するかと言えば、人間として最も大切なことを一つ言えと言えば、それは明徳ではないのかということです。その明徳、四徳を我々は生まれながらに持っているのですが、それに気づいていないところに問題があります。

現代人は近代西洋思想の「物事の知識は全部外側から学ぶ」という考え方に毒されているよ

うに思います。東洋思想の古典に共通して書いてあることはそれと逆で、「人間が生きるために重要なものは全部あなたの中にある」ということです。仏教ですら「自己を顧みよ、自己に目覚めよ」と言っています。

仏教は、英語で言うとブディズムです。ブディズムはブッダからきています。そしてブッダとは「目覚めた人」を意味します。博学の人ではなくて、目覚めた人。ではブッダは何に目覚めたのかと言えば、自己に目覚めたのです。

我々も自己に目覚めなければいけないのです。自己に目覚めて、自分の中に明徳と四徳というものが輝いていることに気づき、それを自分の育つ過程で隠してしまっていることに気づかなくてはいけません。

右《みぎ》は伝《でん》の首章《しゅしょう》。明徳《めいとく》を明《あきら》かにするを釈《と》く。

そういう真なる自己に目覚めることが大事なのだと、朱子も最後に言っているのです。

●三つの危機に対応するために『大学』から学ぶ

最後に皆さんに、この『大学』を顧みて申し上げたいことをいくつか申し上げて、終わりとしたいと思います。

現在、我々の日本は三つの危機に瀕していることを知っていただきたいのです。第一の危機は「地球の危機」です。地球が今、壊れかかっています。二〇三〇年までに二酸化炭素排出量の数値をよくしないと限界点を超えてしまい、自然に負の連鎖が回って地球が壊れるまで後戻りができないという状況になっています。したがって、我々は早急に価値観とライフスタイルを変えなければなりません。今までと同じようにやっていたら間に合いません。

最近、「人新世」という新しい言葉が出てきていますが、地質学的にも人間の傲慢さが地球を悪くしているのだから、人間の傲慢さに目覚めて、他の生きとし生けるものに配慮して、地球のメカニズムに沿って人間は暮らしていかなければいけないという警鐘が鳴らされています。私も徹底的に調べてみました。地球に負荷がかかるようになったきっかけはいつからかと調べてみると、すべてのデータがある一点からぐっと悪化していることがわかりました。それは産業革命です。産業革命以降、地球に大きな負荷がかかってきて、今や地球が壊れそうになっているのです。

大気汚染のひどさは言うまでもなく異常気象を生んでいますし、海洋汚染もひどい状態にあります。微細《びさい》な目に見えないようなプラスチックごみが海を汚染しています。それから核兵器の実験による大気汚染もあります。日本にいると核実験と言うと北朝鮮ばかり思い浮かべますが、世界中でやっているわけですから、それによって核の大気汚染が広がっています。そういう地球の危機が今あります。

二つ目は「世界の危機」です。この三世紀あまり我々が人間の指針として信じてやってきた近代西洋思想が行き詰まっています。これからどうなるのかと言うと、多くの知見者は西洋思想と東洋思想の知の融合の時代になると説いています。それならば、早く東洋思想のほうから東洋の知を提供してあげないと世界の指針が定まりません。

定まるまでは空白というわけにはいきませんから、みんな自国ファーストで、国家目標は自分の国を富ますことになってしまいます。それではいけません。世界の危機を回避するためには、世界を平和にするという目標が全世界に共通していなければいけないのです。

三つ目は「日本の危機」です。今、日本の周辺には、中国、ロシア、北朝鮮という三か国が一体化して日本に攻撃を仕掛けてくる危機が迫っているという見解が出てきています。そういうときに、世界中から「日本を攻撃してはいけない。あんな素晴らしい国はない」という声が上がり、世界世論によって攻撃を止めるように仕向けなければいけません。そのためには、日本の素晴らしさがどこにあるのかを知らせる必要があります。

たとえば、この『大学』です。こんなすごい教えが中国から伝わって現代日本にあるわけです。そこには儒教・仏教・道教・禅・神道という五つもの思想哲学が含まれていて、国家の指針とするべき内容になっています。こんな宝物を持っている国は、世界を探しても見つかりません。日本は思想哲学の宝庫の国であり、地域であって、世界の誇りとするべき国なのだということを積極的に発信して、世界中に日本というのは得難い国であることを知らせ、認めていただくことが大切です。そのために私は、この七世紀あまりも日本に蓄積している儒・仏・道・禅・神道の精神をしっかり主張しようと構想して、現在、中国語と日本語と英語でニュースレターを配信しています。

こういう危機的な状況のときに皆さんと一緒に『大学』を読み、人間としての正しいあり方を再確認できたということは、なんとも有り難い経験でした。ここで学んだことをそれぞれのご家庭に、そして会社や組織に持ち帰り、今度は皆さんが講師となって、この『大学』の精神を説いて、周りの人たちを教導し、感化していただきたいと思います。

あとがき

古来、『大学』は「初学徳に入る門」と言われてきた。徳を身につけようとする人がまず最初に読むべき本、ということである。孔子より四十六歳年下の曾子が著したとされ、『論語』『中庸』『孟子』とともに「四書」として二千年以上にわたり読み継がれてきた。文字通りのロングベストセラーである。

弊社にとっては、『大学』は「宝典」のような古典である。社名も社業の中核である月刊誌の誌名も、『大学』にある言葉、「格物致知」に由来するからである。それだけに、『大学』の解説本出版は創業時からの念願であった。それも単なる意味解説本ではなく、命に染み透《とお》り、溶け込むような解説本である。

安岡正篤《まさひろ》師の高弟である当時九十歳の伊與田覺《いよださとる》先生にお会いしたのは平成十八年であった。その古典講座に魅了され、全六回にわたる『大学』の講座をお願いし快諾を得た。果たして伊與田先生の講座は聴く者の命に溶け込み、心を捉えた。

その講座録は『「大学」を味読する――己を修め人を治める道』と題して出版され、今も多くの人に読み継がれている。

もうこれ以上の『大学』解説本は出せまいと思う一方、これとは異なった味わいのものを出せないかという思いも秘《ひそ》かに尾を引いていた。あれはそんな思いの結晶であったのかも知れない。旧知の田口佳史氏に三十数年ぶりに再会したのである。

聞けば、田口氏は長年にわたって『大学』を講義されてきたという。この人なら伊與田先生とは味を異にした『大学』講義をされると直感、講座をお願いし、快く受けていただいた。

講座は令和三年一月から六月まで、愛読者を対象に全六回にわたってオンラインで開催した。オンラインで命に響くような感動ある講義ができるのかと案じたが、これはまったくの杞憂であった。受講生は皆、田口講師の言葉をひと言も聞き洩らすまいという姿勢で、教える者と学ぶ者が真剣に呼応する講座となった。古来聞き難きは道、天下得難きは同志なり――古来本当の道を聞くことは難しい、またその道を共に学ぼうとする同志を得ることも難しい、とは中江藤樹の言葉であるが、その難事を実現している風景がそこにはあった。

田口氏と初めて出会ってから四十年近くになるが、八十路《やそじ》にかかろうとする今も、道を求めて溌剌《はつらつ》と学んでいるその姿に畏敬《いけい》の念を禁じ得ない。

二宮尊徳は経書《けいしょ》を氷にたとえ、「この氷となった経書を世の中の用に立てるには、胸中の温《うん》気《き》をもってよく解かして、もとの水にして用いなければならぬ。さもなければ世の潤沢とはならないで、実に無益のものなのだ。氷を解かすべき温気が胸中になくて、氷のままで用いて水の用をなすものと思うのは、愚の骨頂だ。世の中に神儒仏の学者があっても世の中の役に立たぬのは、このためだ」（『二宮翁夜話』）と言っている。本書の魅力は、まさに田口氏の熱い心が『大学』という経書を解かして水にし、万人が読みやすく理解しやすいものに変えてくれたところにある。

また『詩経』や『書経』から引用された語句を原典に遡《さかのぼ》って丁寧に解説を加えているというのも本書の魅力の一つである。田口氏がいかに古典を読み込んでいるか、この一事からも窺い知れる。

本書が一人でも多くの人に読まれ、修己修身の風潮がこの日本に立ち上がってくることを祈念してやまない。

令和三年十月

致知出版社代表取締役社長　藤尾　秀昭

参考文献

「大学欄外」　佐藤一齋全集第六巻　明徳出版社
「言志四録（上）（下）」　佐藤一齋全集第十一、十二巻　明徳出版社
「学記・大学」　武内義雄全集第二、三　角川書店
「大学・中庸」　赤塚忠　新釈漢文大系2　明治書院
「大学・中庸」　金谷治　岩波新書　岩波書店
「己を修め人を治める道」　伊與田覺　致知出版社
「『大学』を素読する」　伊與田覺　致知出版社
「大学・中庸」　俣野太郎　中国古典新書　明徳出版社
「大学・小学」　安岡正篤　人間学講話　プレジデント社
「大学」　宇野哲人　学術文庫　講談社
「論語」　吉田賢抗　新釈漢文大系1　明治書院
「書経（上）」　加藤常賢　新釈漢文大系25　明治書院
「書経（下）」　小野沢精一　新釈漢文大系26　明治書院
「詩経（上・中・下）」　石川忠久　新釈漢文大系110〜112　明治書院
「孟子」　内野熊一郎　新釈漢文大系4　明治書院

【著者略歴】

田口佳史（たぐち・よしふみ）

1942年東京生まれ。東洋思想研究家。イメージプラン代表取締役会長。新進の映画監督としてバンコク郊外で撮影中、水牛2頭に襲われ瀕死の重傷を負い入院。生死の狭間で「老子」と運命的に出会い、「天命」を確信する。「東洋思想」を基盤とする経営思想体系「タオ・マネジメント」を構築・実践、延べ1万人超の企業経営者・社会人・政治家を育て上げてきた。第一人者として政財界からの信任は厚い。東洋と西洋の叡智を融合させ「人類に真の調和」をもたらすべく精力的に活動中。配信中のニュースレターは海外でも注目を集めている。著書に『書経講義録』『ビジネスリーダーのための老子「道徳経」講義』『人生に迷ったら「老子」』『横井小楠の人と思想』『佐久間象山に学ぶ大転換期の生き方』（いずれも致知出版社）『教養としての貞観政要講義』（光文社）『超訳 孫子の兵法』（三笠書房）『上に立つ者の度量』（PHP研究所）など多数。

「大学」に学ぶ人間学

令和三年十一月二十五日第一刷発行
令和六年 五 月 十五 日第二刷発行
著　者　田口佳史
発行者　藤尾秀昭
発行所　致知出版社
〒150-0001東京都渋谷区神宮前四の二十四の九
TEL（〇三）三七九六―二一一一
印刷・製本　中央精版印刷
落丁・乱丁はお取替え致します。（検印廃止）

ISBN978-4-8009-1259-6 C0095
ホームページ　https://www.chichi.co.jp
Eメール　books@chichi.co.jp

装　幀――秦　浩司
編集協力――柏木孝之

いつの時代にも、仕事にも人生にも真剣に取り組んでいる人はいる。

そういう人たちの心の糧になる雑誌を創ろう——

『致知』の創刊理念です。

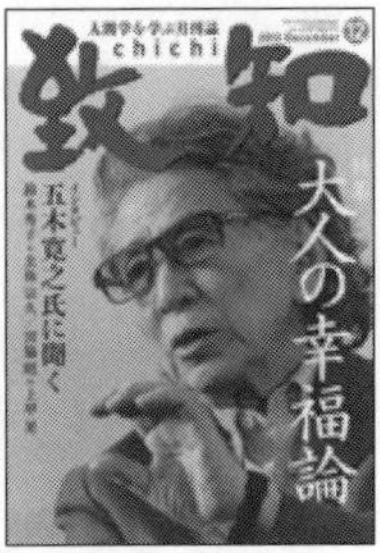

私たちも推薦します

稲盛和夫氏　京セラ名誉会長

我が国に有力な経営誌は数々ありますが、その中でも人の心に焦点をあてた編集方針を貫いておられる『致知』は際だっています。

鍵山秀三郎氏　イエローハット創業者

ひたすら美点凝視と真人発掘という高い志を貫いてきた『致知』に、心から声援を送ります。

中條高徳氏　アサヒビール名誉顧問

『致知』の読者は一種のプライドを持っている。これは創刊以来、創る人も読む人も汗を流して営々と築いてきたものである。

渡部昇一氏　上智大学名誉教授

修養によって自分を磨き、自分を高めることが尊いことだ、また大切なことなのだ、という立場を守り、その考え方を広めようとする『致知』に心からなる敬意を捧げます。

武田双雲氏　書道家

『致知』の好きなところは、まず、オンリーワンなところです。編集方針が一貫していて、本当に日本をよくしようと思っている本気度が伝わってくる。“人間”を感じる雑誌。

致知出版社の人間力メルマガ（無料）　人間力メルマガ　で　検索

あなたをやる気にする言葉や、感動のエピソードが毎日届きます。

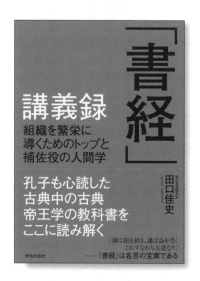